人工智能与教育：
智能教育新时代

王啸闻　但　妮　郑沂郢◎著

全国百佳图书出版单位　吉林出版集团股份有限公司

图书在版编目（CIP）数据

人工智能与教育 ： 智能教育新时代 / 王啸闻， 但妮，
郑沂郢著. -- 长春 ： 吉林出版集团股份有限公司，
2024.4
ISBN 978-7-5731-4951-0

Ⅰ. ①人… Ⅱ. ①王… ②但… ③郑… Ⅲ. ①人工智
能－应用－教育现代化 Ⅳ. ①G4-39

中国国家版本馆CIP数据核字(2024)第091279号

RENGONG ZHINENG YU JIAOYU ZHINENG JIAOYU XINSHIDAI
人工智能与教育：智能教育新时代

著　　者：王啸闻　但妮　郑沂郢
责任编辑：王晓舟
封面设计：冯冯翼
开　　本：710mm×1000mm　1/16
字　　数：210千字
印　　张：10.5
版　　次：2024年4月第1版
印　　次：2024年4月第1次印刷

出　　版：吉林出版集团股份有限公司
发　　行：吉林出版集团外语教育有限公司
地　　址：长春市福祉大路5788号龙腾国际大厦B座7层
电　　话：总编办：0431-81629929
印　　刷：长春新华印刷集团有限公司

ISBN 978-7-5731-4951-0　　定　　价：63.00元

前　言

人类社会在“信息化”之后必将走向“智能化”。回顾历史，以蒸汽机为代表的技术革命把人类从很多繁重的体力劳动中解放出来，而在未来，以人工智能为代表的技术革命将把人类从繁复性强的简单智力劳动中解放出来。因此，人工智能在全世界受到高度关注。

如今，人工智能正以超出人们预想的速度发展，人工智能与人类生活所发生的联系越来越紧密。可以预见，人类未来将因人工智能而发生翻天覆地的变化。作为关乎人类未来的重要组成部分，教育与人工智能的关系成为国际社会关注的热点。为了适应产业发展、社会、国家的需要，加大力度培养人工智能基础教育人才是当务之急。

本书从人工智能介绍入手，针对人类智能与人工智能、人工智能的研究、教育人工智能等内容进行了分析研究；另外对人工智能教育应用的理论基础、人工智能教育应用、人工智能教育的要素和活动做了一定的介绍；还剖析了人工智能时代学校创新与学生发展、智能时代高等教育、智能时代高等教育模式的方向与路径等内容。本书探讨智能教育的意义在于，通过领先的思想、创新的教育理念，为未来中国高等教育的发展提供有益的借鉴，旨在摸索出一条适合人工智能与教育创新发展的科学道路，帮助相关工作者在应用中少走弯路，提高效率。

为了确保研究内容的丰富性和多样性，作者在写作过程中参考了大量的理论与研究文献，在此向涉及的专家学者表示衷心的感谢。加之作者学力和研究水平的局限，书中难免存有诸多问题，甚至是谬误的地方，恳请相关专家、读者和一线教育人员不吝赐教，以促我们不断进步和完善。

目　录

第一章

人工智能

第一节　人类智能与人工智能

一、人类智能与人工智能概述

在人工智能高速发展的过程中，总有一些人对人工智能表示担忧。人们担心人工智能如果按照这样的趋势发展下去，将来一定会诞生可能威胁到人类生存的智能体，因此他们建议应该严防人工智能的过度发展。一方面，人们主要担忧如果真的诞生了智力程度不输给人类的智能体，加上计算机自身计算能力和存储信息的能力远远超过人类，这样的智能体非常有可能威胁到人类自身的生存。另一方面，如果诞生了这样的智能体，对人类社会的伦理道德也是一次前所未有的巨大挑战。届时，人类将如何看待执行任务能力超过自己的智能体？是否需要采用人类的伦理道德观念去看待它们呢？

其实，在思考这样的问题之前，我们要意识到，当前人工智能的发展还停留在非常早期的阶段。首先，目前人工智能赖以发展的各种理论基础、经典算法，都是在较长的时间之前就已经诞生了的，并被不断地分析和证明。人工智能最近十年内得到如此长足的发展，得益于目前各种算法所要具备的两大条件，即海量的数据与硬件计算能力的提升。互联网的发展以及大数据技术的应用为人工智能需要学习的大量数据提供了最基本的保证，现在应用的大部分人工智能技术，都需要基于海量的数据进行学习和决策，而这样海量的数据在20世纪互联网刚刚起步的年代是无法得到的。另外，硬件技术的发展，又为这样大批量数据的学习带来了运算时间上的保证。过去，即便是学习小批量数据，也要花费漫长的时间。如今，计算机硬件技术的发展，尤其是使用多个流处理器运算的图形处理器在架构和制程上的发展，使得神经网络的学习时间极大地减少。此外，神经网络专用硬件的发展也为人工智能的应用提供了支持，例如英特尔研发出的含有 800 万个数字神经元和 80 亿个轴突的计算机系统，可以为深度学习等人工智能领域提供很好的计算应用平台。上述基础条件保证了人工智能的发展和应用，也进一步推动了人工智能领域的深入研究。但同时我们需要认识到，目前已有的人工智能技术距离达到人类智力尚有很远的距离，在许多领域内人工智能还无法胜任，因此，目前有关人工智能超越人类智能的担忧是完全没有必要的。那么，人类智能与人工智能到底有什么关系呢？

人类在研究自然、改造自然的过程中，逐渐认识到了研究人脑的物质结构、意识活动和生物特征的极端重要性。虽然人们已能从神经结构、细胞体构成和分子生物学的水平上初步探明人类大脑组织的特征，并已可以通过生理实验证明许多大脑的认知机理，而且从定性上掌握了人脑的信息处理具有并行运算、分布式存储、自学习和联想记忆的特点。人脑神经生理学的研究表明，人的大脑由 $10^{11}\sim10^{12}$个神经元组成，相当于整个银河系星体的总数，而其中每一个神经元又与其他 $10^{2}\sim10^{4}$个神经元相连，全部大脑神经元与神经元之间的神经键（突触）结合，构成拓扑上极其复杂的神经网络。

人脑具有层次结构，其中最复杂的部分是处于大脑最外层的大脑皮层。在大脑皮层中密布着由大量神经元构成的神经网络，这就使它具有高度的分析与综合能力。大脑皮层是人脑思维活动的物质基础，是脑神经系统的核心部分。人们通过长期的研究，进一步探明了人类大脑皮层是由许多不同的功能区构成的。例如，有的区域专门负责运动控制，有的区域专门负责听觉，有的区域专门负责视觉等。在每个功能区中，又包含许多负责某一具体功能的神经元群。例如，在视觉神经区，存在着只对光线方向性产生反应的神经元。更进一步细分，某一层神经元仅对水平光线产生反应，而另一层神经元只对垂直光线产生反应。需要特别指出的是，大脑皮层的这种区域性结构，虽然是由人的遗传特性所决定的，具有先天性，但各区域所具有的功能大部分是人在后天通过对环境的适应和学习而得来的，神经元的这种特性称为自组织特性。

人类大脑的定义有狭义和广义之分：狭义指的是中枢神经系统，广义则指的是整个神经系统。因此从广义上来理解，人脑科学与神经生物学是同一概念。人的大脑是生物体内结构和功能最复杂的器官，同时它也是极为精巧和完善的信息处理系统，它掌管着人类的语言、思维、感觉、情绪、运动等高级活动。人脑的智能活动研究必须是多层次的，例如人脑的高级功能的研究已经深入到了细胞和分子水平，尤其是对学习和记忆的研究尤为明显，这既需要行为方面的研究，也依赖于在记忆过程中对分子事件的细致分析。人脑科学发展有一个显著特点，即对人脑的研究很大程度上依赖于技术的发展和完善。分子生物学方法、神经电生物学方法、神经系统成像方法以及复杂系统的非线性方法是目前脑科学研究的最新趋势。

由于脑神经细胞的数量巨大（约为 $10^{11}\sim10^{12}$ 个神经元）和连接的高度复杂性，使得人们直到目前为止还不能完全掌握人脑的物质组成结构、大脑思维、意识和精神活动的特点。但是，人类的大脑是让我们能够认识世界、改造世界的核心，足够发达的大脑能让我们从复杂的环境中抽象出许多可以学习的知识，通过抽象的记忆与学习，大脑进一步指挥身体做出各种应对外界环境的行为，促使人们认识世界并改造世界。人类社会正是在认识世界与改造世界的过程之中，才一步步走向现代化的。

人工智能的概念是 20 世纪由计算机科学家们共同提出的，它可以被定义为两部分，即“人工”和“智能”。“人工”，顾名思义，就是指人造。目前的人工智能都可以看作是人工创造出来的一种系统；而“智能”所涉及的概念就包含了许多方面的内容，它的概念正是通过人类智能的概念来设定的。人工智能的任务就是像人类智能一样去学习并运用知识，完成人类的工作，为人类分担一部分工作量。但是，人工智能并不等同于人类智能。

二、人类智能与人工智能的比较

人工智能正是通过对人类智能的研究，才能够有所发展的。例如，当今应用广泛的以神经网络为代表的人工智能技术起初正是通过模拟人类大脑的最基本的单元——神经元来实现一定的识别功能的，比如最初的 M－P 神经元。图 1－1 是生物神经元模型的示意图。神经元包含细胞体、树突和轴突三个主要组成部分。树突充当神经元的输入端，接收来自其他神经元的神经信号输入并送入细胞体。轴突充当神经元的输出端，负责将细胞体产生的神经信号传导出去。细胞体是神经元新陈代谢的中心，也是接收与处理信息的部件。树突围

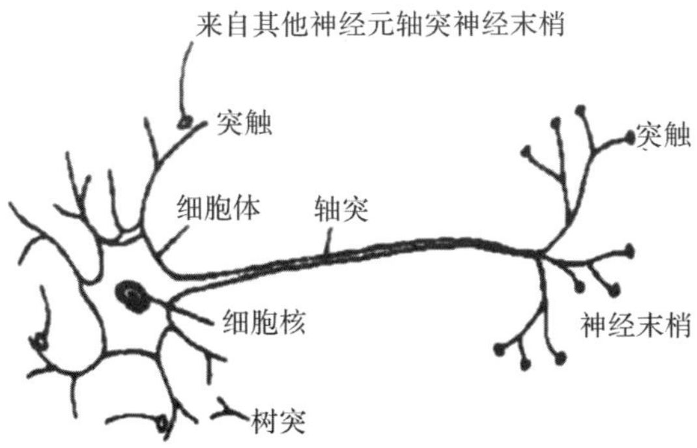

图 1－1　生物神经元模型的示意图

绕细胞体形成树状结构，通过突触接收其他神经元输入的信号。轴突是细胞体向外延伸最长、最粗的一条树枝纤维体，它是神经元的输出通道。神经元的输出信号通过此通道，从细胞体远距离地传送到神经系统的其他部分。突触是一个神经元的轴突与另一个神经元的树突之间的功能性接触点，在突触处两个神经元并不相通，它仅仅是彼此发生功能联系的界面。关于突触传递，已知的有电传递和化学传递两种。

神经元之间相互作用的机理至今仍未完全搞清楚，一般说突触可分为兴奋型和抑制型两种。若突触后膜的电位超过引起神经激发的阈值即为兴奋型，否则为抑制型。一个神经元将所有与其输入通路相连的突触上的兴奋电流收集起来，若兴奋电流占主导地位，则该神经元被激活，并将这个信息通过与其输出通道相连的突触传送给其他神经元。人脑中有的神经元只与邻近很少几个神经元通信，而有的神经元却与几千个神经元相连。突触的另一个特点是具有可塑性，即神经元的神经键（突触）随着动作电位的脉冲激励方式与强度的变化，其电位传递作用可增强或减弱，这是人工神经网络学习的生物学基础。

通过对人类大脑神经元的抽象与模拟，可以实现人工神经元以及人工神经网络在现代社会的大规模应用。可见，人工智能与人类智能的发展是密切相关的，因为有人类智能，才能有人工智能。可以说，人工智能一直在模仿人类智能。

人工智能通过模拟人类智能，可以实现一些简单的任务，如面部识别、语音识别、文字识别等。然而，人类智能是抽象的、复杂的，也是难以被认识的。而人工智能则是在一定的条件下，尽可能地模拟人类智能的某一些方面的功能。所以它们的区别在于：在依托的载体方面，人类智能的实现依托于有着复杂生物结构的大脑，而人工智能则是依靠现有计算机的计算能力和相应的各种算法：在功能上，虽然人工智能可以实现一些简单的功能，但在许多复杂的环境中，人工智能仍然无法应用。

当前，人工智能应用最多的算法是深度神经网络。然而，深度神经网络应用的领域大多数都需要大量的数据，对于那些复杂环境中的数据，深度神经网络仍然无法进行常识性的推理，无法将这些领域的数据与方法融会贯通并应用于其他领域。深度神经网络确实对人类大脑进行了性能优异的模拟，但其规模依然完全无法与人类大脑的规模相比。人类所生活的世界包含多种环境因素，不同的环境因素交织在一起使得这样的环境中的信息难以被数据化，也就难以被模拟出来。这也是目前人工智能难以解决的一个方面。

因此，人工智能无论在神经元规模上，还是在处理数据的复杂度与对数据抽象的能力上，都与人类智能有着本质的不同。要想进一步发展人工智能，人类无论是在认识自己的智力的道路上，还是在将这种生物上的功能完整模拟出来的道路上，仍然有相当长的距离要走。

三、人工智能对人类社会发展的深刻影响和挑战

（一）人工智能的发展对未来人类职业的影响

人工智能技术如今正加速与各行各业进行融合。越来越多原本由人类负责的工作岗位正在被搭载人工智能系统的机器所代替。

在与机械相关的企业中，人类是很容易被人工智能替代的。在机械制造与自动化行业中，相比人类，机械永远不会疲劳，产品出现误差概率较小，同时采用智能的机械代替人类工作，可以提高劳动生产率，从而提高经济效益。例如，现在的生产型企业多采用自动化机器人进行装备制造，节省了人力，提高了工作效率，也提升了企业收益。

在与数据相关的行业中，人工智能正逐步取代人类。在诸如金融数据的收发与处理、后台事务处理、信息事务处理等任务中，人工智能可以凭借远远超过人类的强大计算能力，迅速实现信息数据的计算与转换，同时也可以将误差降到最小，这样就大大提升了数据处理的速度与精度。

除了在生产方面对社会产生直接影响外，人工智能也在不断改变人类的生活，产生很多间接影响。它对社会生产以及人类生活的积极影响，进一步改善了人类的生存环境，人类的寿命将进一步延长，这也为养生和保健等行业带来了新的就业岗位。

此外，人工智能的发展将进一步推动社会的信息化，例如智慧城市、智能政务、智慧医疗、智慧旅游、智能家居等，使更多的职业要求从业者具备智能与信息处理知识和能力。在这个过程中，首先要面临的就是当前社会中人口的职业转化问题。新的技术可能会造成岗位数量的减少，但同样也会带来新的就业机会与新的经济增长动力。所以，人工智能将给社会带来机遇和挑战，只有成功实现社会转型，才能推动社会不断前进。

（二）人工智能为人的全面发展造就高度发达的生产力

智能化水平的高低决定生产率的高低，人工智能作为人们生产实践中使用的生产工具，它的不断改进将带动生产率的提高，并且推动生产力中最活跃的因素——人本身的发展，这进一步为人的全面发展造就了高度发达的生产力。社会生产力决定着人全面发展的实现速度和程度。社会生产力的发展和社会物质财富的创造，归根结底是为了实现和促进人的全面发展。为实现人的全面发展奠定坚实的物质基础。人们需要谨慎辩证看待人工智能对人的工作带来的影

响。中国提出并践行的“互联网＋”乃至逐步形成的“智能＋”模式都在不断创造出新的业态，产生更多的岗位。帮助人们提高工作效率，解放劳动力，减少人力成本。在人工智能技术的推动下生产力高度发达，生产率迅速提高，经济社会快速发展，为人的生活提供了丰富的物质财富，为人的全面发展奠定了坚实的物质基础。

人工智能驱动生产力整体跃升，实现经济高质量发展。人工智能在社会中发展的深度不断加深，广度持续扩大，促使产业结构不断升级，经济发展持续转型，劳动生产率空前提高，提供的物质财富越来越丰富。人工智能作为第四次技术革命的核心，在进一步增强人类社会生产力方面具有巨大潜力，运用智能的力量对社会生产力进一步提升是人们解决阻碍人类走向全面发展的温饱、疾病等问题的关键。要把新一代人工智能作为生产力整体跃升的驱动力量，努力实现高质量发展。我们需要持续打造人工智能先锋城市，拉动制造业结构升级，为高质量发展赋能，还需打破国际垄断。智能化地推进与生产力的提升总是形影不离的，社会的智能化程度已然成为一个国家、地区发展潜力、发展水平、发展质量等判定标准最关键的因素之一。现今，人工智能已渗透在人们的生产、生活之中，极大地提高社会生产力的同时，成为拉动经济的新的增长点。

（三）人工智能创新对经济发展产生的影响

一方面，提高自动化的发展水平。自动化的程度可以减轻人体的重复劳动，释放劳动力去执行更智能的任务，可以减少工作环境带来的高风险。人们可以更好地利用各种脑力劳动，更多地去参与创新的思维和设计，从而提供更多的应用。例如，快递物流行业目前已经开始采用人工智能进行分拣，这些分拣机器人能够将不同区域内的快递在快递分拣站点分拣到特定的区域内，以便于快递的正确运输。该种人工智能应用不仅减轻了快递站点人员的分拣工作任务，也有效提升了快递分拣效率。

另一方面，以智能的方式支持各种行业。今天，我们将人工智能更多地视为生产要素。在人工智能时代，需要通过结合各种基本资源而不是一个要素来进行合理的分配和计划来提高效率并生产高附加值的产品和服务。例如，目前人们的日常生活中也开始采用人工智能产品，诸如小度、小爱等人工智能家居机器人，均能呈现出其应用价值，不仅能够辅助人们进行数据统计和运算，也能够促使人们在远距离情况下进行家居控制。人工智能从简单计算到被应用于其他行业已经对社会和经济增长产生了重要影响。此外，人工智能需要创新的应用才能创造巨大的社会效率和经济价值。因此，许多公司和机构都增加了对人工智能的投资。

（四）人工智能对我国创新型国家建设产生的影响

人工智能的发展对我国创新型国家建设具有重要的价值。人工智能的发展促进我国生产力水平提高，经济朝着高质量、高速度方向发展，经济结构优化，产业不断转型升级。人工智能的发展优化了工厂、企业的管理内容和方式，社会分工更明确，社会财富分配更公平、合理；人工智能的发展促进智能化社会的产生，提升社会治理能力并推动社会治理现代化，为交通、治安等提供更加高效、规范的手段；人工智能的发展促进社会文化建设，国家利用人工智能作为传播媒介，大力弘扬社会主义核心价值观，营造一个和谐、美好的社会环境，正确的价值观深入每个人的观念；人工智能的发展在自然资源的探测与自然环境的监控上具有重要的价值，利用人工智能探测自然资源，大大节省了时间与人力，人工智能对自然环境进行监测，可以防控与应对一些灾害，例如地震、洪水，最大限度地降低了灾害造成的损失。

同时，人工智能的发展大大提升了人民的生活质量，通过智能产品，人们了解了更多的时事，国家政策得到更好的普及，从网络上能学习更多的知识，进而提升自身的能力与素质；人工智能为人民的生活带来便利，只需要一部连接网络的智能终端，足不出户就能实现“货从网上来”；人工智能在农业上的应用，大大减轻了农民的劳动强度，提升了农民的劳动效率。

第二节　人工智能解决的问题与学习方式

一、人工智能解决的主要问题

当前，人工智能主要用来解决分类及预测、行为决策、数据生成以及迁移学习等几方面的问题。

（一）分类及预测

分类及预测是目前人工智能应用非常广泛的领域。这种问题是指在给定的数据中，采用何种方法，能将含有不同特征的数据分成不同的类型，或是根据前一段时间范围内数据蕴含的规律预测出数据在之后时间的值。图 1－2 为数据分类及预测整个过程的大致流程。在解决这类问题的时候，往往是通过已知一定量的数据，让我们的机器学习模型去学习其中包含的特征与规律，最终能够识别给定的数据类型或是预测出符合数据规律的某条曲线。模型一般使用有监督学习的学习方法。有监督学习是当前较为高效的学习方式，它使用一定量的数据，通过一定的预处理提取出数据的特征值，经过学习模型的学习，得到预测值与真实值之间的误差，再通过反馈学习的机制将误差缩小并更新学习模型内部的多种参数，从而完成整个学习过程。

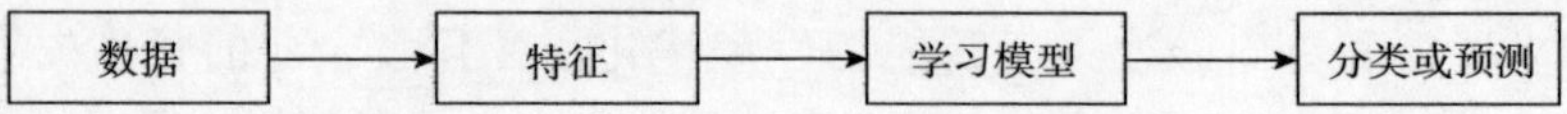

图 1-2　数据分类及预测的大致流程

例如，已知有一组数据，其中每一个样本包含年龄段、工作领域、薪资三种类型的数据，如表 1-1 所示。在有监督学习中，年龄段、工作领域就是学习模型用来学习并预测的样本数据，薪资就是真实值。通过训练学习模型，对包含年龄段以及工作领域的不同数据进行编码与特征抽样，用这些数据来训练学习模型，就可以获得每个数据样本的预测值。之后通过计算预测值与真实薪资之间的差值，学习模型就可以获得调节自身参数的反馈，从而不断调整模型内部的不同参数。通过这样不断地训练，学习模型最终能根据任意给定的年龄段以及工作领域等信息，预测出大致的薪资。

表 1-1　年龄段、工作领域、薪资关系表

年龄段/岁	工作领域	薪资/元
20 ~ 30	互联网	9586
30 ~ 40	金融	11463
…	…	…

此外，学习算法还包括无监督学习和半监督学习等方式。无监督学习可以用于有监督学习应用较为困难的地方并在一些领域获得了成功，例如生成对抗网络。有监督学习的真实值在一些场景中需要花费大量的人力与财力来获得，而无监督学习则不需要人工标注这样的真实值来对模型进行训练。半监督学习则介于有监督学习与无监督学习之间，旨在利用小部分数据提供的真实值进行学习，节约了成本，亦可以达到介于有监督学习与无监督学习之间的效果。

（二）行为决策

人工智能可以解决的第二类问题就是行为决策。大家所熟知的第一个战胜围棋世界冠军的人工智能机器人 AlphaGo，就是采用这种方法训练得到的。在决策问题的场景中，我们往往会关注某种行为是否能够获得更好的收益，也就是通过做出决策指导目标来获得更好的实际效果。通常，我们使用强化学习的学习方式来解决这种问题。

在当前的人工智能研究中，强化学习也是一个重要的方向之一。通过不断的训练，采用这种学习方式的模型可以获得比人类更好的决策能力，从 AlphaGo 身上可见一斑。虽然提出强化学习概念的时间较早，也有了一些研究成果，但如何真正大规模应用到实际领域中仍然比较困难，相关的研究仍在不断进行之中。

（三）数据生成

无监督学习的一个重要的应用，就是生成对抗网络。生成对抗网络是无监督学习应用中的一种有很大应用前景的方向，它的诞生曾在以深度学习为代表的人工智能领域中掀起了一场革命，在数据生成领域中获得了显著的效果。

生成对抗网络至少包含两个模块，即生成模型和判别模型。使用生成对抗网络生成数据的过程可以看作生成模型和判别模型两方互相“博弈”的过程。假设给定一定数量的样本数据，生成模型会利用学习模型将服从某种概率分布的噪声数据映射到给定的真实数据空间去，从而生成与给定原始数据相类似的假数据。而判别模型则会识别出给定的原始数据与生成数据之间的区别，判断出生成的数据是不是真实的。这样，生成模型会根据原始数据与判别模型的识别结果，不断学习并更新自身内部的参数，生成新的合成数据，力求让判别模型分辨不出自己生成的数据是真还是假：判别模型也会通过更新自身的参数，从而增强自身的“鉴伪”能力。这样双方不断进行博弈，最终，生成模型生成的数据能够让判别模型无法识别真假，也就是判别模型识别生成的数据是真或假的概率为 0.5 时，整个生成对抗网络学习过程也就结束了。生成对抗网络的基本模型如图 1 – 3 所示。

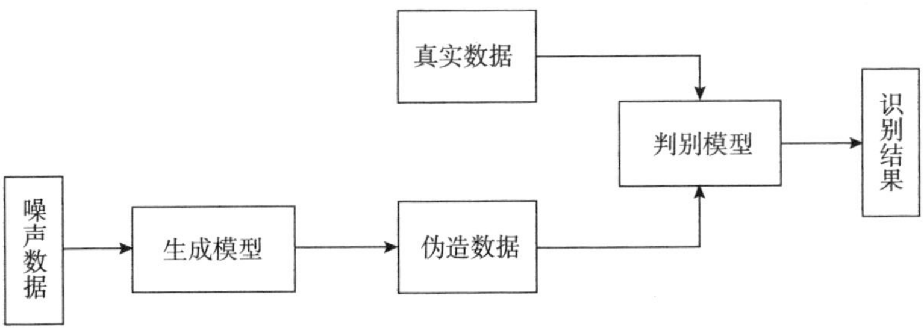

图 1 – 3 生成对抗网络的基本模型

利用这样的方法可以生成诸如图像、音频、文本等数据。最初的生成对抗网络不要求生成模型和判别模型必须是某种神经网络，只要是能够实现生成和判别的函数即可。由于神经网络在人工智能中的广泛使用，两种模型大都是神经网络模型。例如生成对抗网络在图像领域的应用中，使用了与图像密切相关的卷积神经网。

（四）迁移学习

当前以深度学习为代表的人工智能方法无法将某种领域的任务融会贯通并应用到其他领域的任务中。其实，在一些相近的应用场景下，使用名为迁移学习的学习方法，可以将学习模型学到的特征运用到相似场景的任务中去。

假设存在由特征空间等信息组成的源域和与源域对应的学习任务，同样由特征空间等信息组成的目标域和与目标域对应的学习任务，且源域与目标域并不等同。这时通过迁移学习，可以利用源域及其学习任务中包含的知识，帮助完成在目标域中进行的学习任务。

与传统执行单任务的机器学习方法不同，迁移学习可以针对多个源域中的任务进行学习并将学到的知识转移到目前正在执行的学习任务中，从而将它们整合起来，送到同一学习系统中去。目前，迁移学习在图像、文本等领域均有应用。

二、人工智能的主要学习方式

机器学习与深度学习都是人工智能中的重要概念。通常来讲，人工智能涉及的范围是最广的。人工智能包含机器学习，而机器学习又包含深度学习。

人工智能的概念是最先被提出的，之后是机器学习各种方法被提出。而在机器学习的基础上，又进一步发展出了深度学习的概念。下面将分别介绍机器学习与深度学习。

（一）机器学习

机器学习是一种实现人工智能的方法。人工智能包含非常多的研究领域，包括早期的专家系统、进化计算，以及现在流行的计算机视觉、自然语言处理、推荐系统等。一些经典的学习算法，例如有监督学习、无监督学习等，正是机器学习中提出的概念，而所有的相关研究领域都会使用机器学习算法来实现人们的一个个设想。

机器学习最基本的做法就是，通过对已有的数据进行分析，学习数据中蕴含的规律，从而解决诸如分类、决策等特定的任务。传统机器学习算法对小批量数据的学习十分有效。在处理小批量数据时，机器学习算法首先会进行一定的特征处理工作。例如，通过某种数学方法提取出能够表达这种数据的最有效的特征，并对特征进行一定的降维处理。如果选取的特征处理方法以及机器学习算法十分有效，即便是对小批量的数据进行分析学习，最终也会得到令人满意的结果。此外，由于处理的数据量相对较小，研究人员需要付出的计算代价也就较小。特别是在早期的机器学习研究中，由于当时的计算机 CPU 处理数据的速度较慢，导致相关研究只针对较小数量的数据。这就使得研究人员更加集中精力寻求有效的特征提取算法来分析、学习数据中的特征，以期能够在有限的条件下获得更好的实验结果。

机器学习主要有监督学习和无监督学习两大类算法，有监督学习算法主要有支持向量机（Support Vector Machine，SVM）、决策树（Decision Trees）、朴素贝叶斯分类（Naive Bayesian Classification）、最小二乘法（Ordinary Least Squares Regression）、逻辑回归（Logistic Regression）、集成方法（Ensemble Methods）等六种算法，无监督学习主要有聚类算法（Clustering Algorithms）、主成分分析（Principal Component Analysis，PCA）、奇异值分解（Singular Value Decomposition，SVD）和独立成分分析（Independent Component Analysis，ICA）。下面简要介绍四种主要的机器学习算法及其应用领域。

1. 支持向量机

SVM 属于有监督学习方式，是一类按监督学习方式对数据进行二元分类的广义线性分类器，其决策边界是对学习样本求解的最大边距超平面。SVM 使用铰链损失函数计算经验风险，并在求解系统中加入了正则化项以优化结构风险。SVM 是一个具有稀疏性和稳健性的分类器，可以通过核方法进行非线性分类，该方法是常见的核学习方法之一。SVM 在模式识别领域应用广泛，包括人像识别、文本分类、手写字符识别、生物信息学等。

2. 决策树

决策树属于有监督学习方式，是在已知各种事件发生概率的基础上，通过构成决策树来求取净现值的期望值大于等于零的概率、评价项目风险，判断其可行性的决策分析方法，也是一种直观运用概率分析的图解法。由于这种决策分支画成图形很像一棵树的枝干，故称决策树。决策树的生成算法有 ID3、C4.5 和 C5.0 等。决策树是一种十分常用的分类方法。已知一些样本，每个样本都有一组属性和一个分类结果，那么通过学习这些样本可以得到一个决策树，这个决策树能够对新的数据给出正确的分类。

3. 聚类算法

聚类算法就是根据特定的规则，将数据进行分类。分类的输入项是数据的特征，输出项是分类标签，它属于无监督学习算法。它只需要一定量的数据，而不需要标记结果，可通过学习训练，发现属性相同的群体。聚类算法用途广泛，例如在商业上，聚类算法可以帮助市场分析人员从消费者数据库中区分出不同的消费群体来，并且概括出每一类消费者的消费习惯。它可作为数据挖掘中的一个模块，也可以作为一个单独的工具以发现数据库中分布的一些深层信息，并且概括出每一类的特点，或者把注意力放在某一个特定的类上以做进一步分析。聚类算法可以分为划分法、层次法、基于密度的方法、基于网格的方法、基于模型的方法。

4. 主成分分析

主成分分析是一种统计方法，是数学上处理降维的一种方法，也属于无监督学习。它通过正交变换将一组可能存在相关性的变量转换为一组线性不相关的变量，转换后的这组变量叫作主成分。主成分分析的原理是设法将原来的变量重新组合成一组新的无关的综合变量，同时根据实际需要从中取出几个较少的综合变量尽可能多地反映原来变量的统计信息。为了全面、系统地分析所要研究的实际问题，人们必须考虑众多影响因素，这些因素在多元统计分析中也称为变量，变量太多会增加计算量和分析问题的复杂性。由于每个变量都在不同程度上反映了所研究问题的某些信息，因而所得的统计数据反映的信息会存在一定程度的重叠，因此在用统计方法研究多变量问题时，人们希望在进行分析的过程中涉及的变量较少，得到的信息量较多。主成分分析正好具有这两个方面的优点，是解决这类问题的理想工具之一。主成分分析在人口统计学、数量地理学、分子动力学模拟、数学建模、数理分析等学科中均有应用。

（二）深度学习

深度学习是机器学习领域中一个新的研究方向，深度学习是一类模式分析方法的统称。深度学习是比机器学习更复杂的学习算法，在语音和图像识别方面的应用取得了十分显著的效果，其性能远远超过先前相关机器学习算法的性能，是当前人工智能领域十分热门的研究方向。深度学习是学习样本数据的内在规律和表示层次，深度学习过程中获得的信息有助于对文字、图像和声音等数据予以解释。它的最终目标是让机器能够像人一样具有思维与学习的能力，能够识别文字、图像和声音等数据，实现人机交互。深度学习有如下特点：

一是网络模型隐含层的层数多，可以有 100 多层的隐含层。

二是样本的特征不是专家人工标记的，而是通过逐层特征变换，将样本在原空间的特征表示变换到一个新特征空间，从而使分类或预测更容易。与用人工规则构造特征的方法相比，利用大数据来学习特征，能够更准确和快速地刻画数据丰富的内在信息。

对于不同的具体问题，通过设计相应的神经元计算节点数和多层运算层次结构，并选择合适的输入层和输出层，然后利用先进算法对网络的参数进行学习和优化，直到网络达到收敛状态，建立起从输入到输出的函数关系。该方法即使不能准确地找到输入与输出的函数关系，但也可以尽可能地逼近其关联关系。这样的复杂多层训练好后，就可以实现对复杂任务处理的自动化要求。

深度学习的概念起源于人工神经网络的研究。含多层隐含层的多层感知器就是一种深度学习结构，深度学习通过组合低层特征形成更加抽象的高层表示属性类别或特征，它能够对机器学习无法胜任的大批量数据任务实现有效的分析，再加上图形处理器的发展，使得以神经网络为主的深度学习算法能够同时处理大量数据。一些特有的网络诸如残差网络以及生成对抗网络被相继提出，越来越多的人将它看作一种单独的学习种类。深度学习在搜索技术、数据挖掘、机器翻译、自然语言处理、多媒体学习、语音和图像识别、推荐和个性化技术以及其他相关领域都取得了丰硕的成果。深度学习可使机器模仿人类的视听和思考等活动，解决了很多复杂的模式识别难题，使得人工智能相关技术取得了巨大的进步。

深度学习的思想源于人脑的启发。在看到一个苹果后，具有复杂结构的大脑可经过重重抽象将看到的苹果图像简化为某种信息，识别出这是一个苹果。深度学习的过程与此类似。深度学习利用神经网络来对具体事物数据进行抽象，实现学习。深度学习的神经网络包含很多个隐含层。一般来说，隐含层越多，每层隐含层包含的神经元数量越多，抽象事物数据的能力就越强。通过多层处理，逐渐将初始的“低层”特征表示转化为“高层”特征表示后，用“简单模型”即可完成复杂的分类等学习任务。由此可将深度学习理解为“特征学习”。

以往机器学习用于现实任务时，描述样本的特征通常需由人类专家来设计，称为“特征工程”。众所周知，特征的好坏对泛化性能有至关重要的影响，由人类专家设计出好特征是一件很困难的事；特征学习则通过机器学习技术自身来产生好的特征，这使机器学习向“全自动数据分析”迈近了重要一步。

近年来，研究人员也逐渐将这几类方法结合起来，对原本是以有监督学习为基础的卷积神经网络结合自编码神经网络进行无监督的预训练，进而利用鉴别信息微调网络参数形成的卷积深度置信网络。与传统的学习方法相比，深度学习方法预设了更多的模型参数，因此模型训练难度更大。根据统计学习的一般规律知道，模型参数越多，需要参与训练的数据量也越大。

深度学习可以处理传统机器学习无法胜任的大批量数据。当深度网络的复杂度足够高时，深度学习能够不对原始数据做特征处理，即可完成预定的数据分析任务。当然，这必须要有性能足够优异的硬件以及设计良好的深度学习算法才能够实现。深度学习以多层神经网络为基础，发展出了许多具有重要研究与应用价值的神经网络，如 GoogleNet、AlexNel 等。

在神经网络中，每个神经元都会给输入指定一个权重，所以网络的输出由这些权重共同控制。假设有一张苹果的图片，在输入神经网络时，苹果的图片将被细分为一组数据，以这组数据来表示苹果的属性。而神经元将会一一检查这些数据，并经过层层权重计算，得到一个输出，这个输出就代表深度网络对这张苹果图片的认知。之后，这个认知将被用来与真实苹果的标志做对比，从而得到一个误差。神经网络中最经典的算法——反向传播算法将根据这一误差，更新整个网络的权重参数，使得下次输入新的苹果图片时，这个误差能够变小，不断进行这样的训练，最后误差趋于很小的值。当神经网络经过多张苹果图片的训练后，最终即可获得识别给定任意苹果图片为苹果的能力。这便是早期的神经网络算法的原理。此时的神经网络可能只会识别某种苹果，而不能识别多种水果。

同样的，再使用其他种类的苹果、香蕉、橘子等海量水果图片进行训练，足够复杂的神经网络就可以获得识别各种水果的能力，这时的神经网络算法便可以称作是具有足够强的水果识别能力的深度学习系统。如今，通过这样的深度学习训练过的神经网络在图像识别上的表现优于人类，例如分辨双胞胎，识别血液样本中的病变细胞等。在其他领域中，深度学习也表现出了巨大的潜力，具有很高的实际应用价值。

第三节　人工智能的研究

一、人工智能的研究目标及基本内容

（一）自然智能

所谓自然智能，是人类和某些动物所具有的智力和行为能力。在客观活动中，自然界的个体或群体表现出有目的地认识世界、用知识改造世界的综合能力。关于自然智能的类型是多种多样的，智能已经演化出几十万种，在从幼稚到成熟的过程中延伸出了智能的种类，尤其是人类的智能，体现了人类智慧和高级群体协调管理智慧的力量，并具有许多如感知、学习、思考、推理、决策、知识、创造等特点。

关于智能有许多定义和描述，常见的有以下几种：

其一，善于判断、理解和推理。

其二，形成要领和掌握含义的能力。

其三，全面考试的能力或思维的效率。

其四，适当地行动、理智地思考、有效地适应环境的总体能力。

其五，先天的、综合的和认知的能力。

从上述定义和描述可以看出，智能具有感知、判断、理解、推理、思考、学习和适应能力等本质特征。由此可见，智能是一种综合能力，具体来说，它可以包括以下能力。

1. 感知能力

感知能力是指人通过感觉器官感知外部世界的能力。它是人类最基本的生理和心理现象，也是人类向外界获取信息的基本途径。人类通常有两种不同的方式来处理他们从外部世界感知到的信息。一种方法是直接对简单或紧急情况做出反应，而不去考虑它们，比如人们在紧急情况下骑自行车时突然刹车。另一种是复杂的情况，必须经过大脑思考，然后才能做出反应，如人们平常所说的“三思而后行”。

2. 记忆与思维能力

记忆和思维是人脑最重要的功能，是人类智能的主要表现形式。记忆是由思想产生的感知外部信息或内部知识的存储过程。思维是对所储存的信息或知识的本质属性和内在规律的认知过程。人类的基本思维方式包括抽象思维、形象思维和灵感思维。

抽象思维又称逻辑思维，是一种基于抽象概念，按照逻辑规则处理信息或知识的理性思维形式。例如，推理、证明、思考和其他活动。

形象思维又称直观思维，是一种基于形象概念和感性形象认知材料处理客观现象的思维方式。例如，视觉信息处理、图像或场景识别等等。

灵感思维又称顿悟思维，是有意识和无意识思维相互作用的思维方式。通常，人们在思考一个问题的时候，往往会得到灵感，突然得到理解。这表明，除了可以感觉到的有意识的意识之外，还有一种无意识的意识。灵感思维在创造性思维中起着非常重要的作用，它比形象思维更为复杂，其机制和实现方法尚未得到准确的描述。

3. 学习和自适应能力

学习是一个有特定目的的知识获取过程。学习和自我适应是人类的一种本能，只有通过学习，一个人才能增加知识，提高能力，适应环境。虽然不同的人在学习方法和学习效果上有很大的差异，但学习是每个人都具备的一种基本能力。

4. 行为能力

行为能力是指人们对感知到的外部信息做出行动反应的能力。引起行动反应的信息可以是知觉直接获得的外部信息，也可以是思维加工后的内部信息。

（二）自然智能与AI的区别

从自然智能和AI的定义，可知两者之间既有联系，但又存在本质的区别，具体表现在以下几方面。

1. AI没有人类智能的主观世界

人类智能是在一个完整的主观世界的基础上形成的人们的社会实践，在社会交往的过程中，包括心理活动，如人们的认知、情感和兴趣，以及整个世界观，包括道德观、历史前景、价值观和人生观。人们总是根据自己的主观意图和对事物的理解，从不同的角度，用不同的方式来反映客观事物。人类智能不仅是一台信息处理机器，而且是特定文化及其信仰传统的产物。不同主观意识的人对同一客观事物的信息输入或输出，不仅在数量上有差异，而且在质量上也有差异。AI是不同的，电脑没有主观世界，如果两台计算机输入或输出相同的信息，它们的信息量总是相同的。

2. 人们除了进行形象思维和抽象思维外，还有灵感思维

灵感思维具有不规则的突发性、原创性、模糊性，起到突破、升华的作用。目前人们还不能准确描述灵感的具体实现及其生成机制，这是AI难以模拟的。因此，我们说AI可以在无限的可能性下发展，但它不能完全等同于人类的智能。

3. 国内主流的哲学家强调人脑的不可替代性，从一切细节求证机器的局限

他们认为意识是物质世界长期发展的产物，是人脑的功能，是物质世界的反映。人脑具有主观能动性。AI不可能拥有人类所有的意识形态，也不可能拥有人类丰富复杂的精神世界。人类的智力是一种有目的、有计划、主动的活动，是建立在社会实践基础上，在认知的指导下认识世界、改造世界的活动。也就是说，人类智能具有人类独有的主观能动性，而AI永远无法做到这一点。他们并不否认AI的自动性，但从本质上说，这种自动性实际上是被人类控制的。这是无法与人类智慧的主观能动性相比的。

人们在改造客观世界的过程中，不断地遇到新的课题，推动人们去从事新的探索；与此同时，又不断地创造出供观察和研究使用的新的物质手段——工具，使认识得以向广度和深度发展，继而推动人类思维能力的发展。社会实践水平越高，人的思维能力就越强。没有社会实践，就没有真正意义上的思考。因此，社会性是人类意识的本质特征，也是人类思维的本质特征。AI不具有人类智能的社会性，AI 的智能机器是人类社会实践的产物。它本身不能参与人类的社会实践，因此不能模拟人类智能的社会意识，这也是它与人类智能的本质区别。

二、人工智能的研究途径及研究领域

AI 的研究可以追溯至古希腊哲学家亚里士多德（Aristotle）在其著作《工具论》中提出的形式逻辑和被称为三段论的演绎推理。自从德国数学家莱布尼茨（Leibniz）于 17 世纪提出用数学方法处理逻辑问题开始，数理逻辑和形式推理的研究逐步形成新的学科，为 AI 学科的形成做了先驱工作。

（一）AI 的应用领域

AI 是 20 世纪 50 年代作为一门新兴学科发展起来的，在半个多世纪里，学者从问题求解、逻辑推理与定理证明、自然语言理解、博弈、自动程序设计、专家系统、学习以及机器人学等多个角度展开了研究，在许多领域取得了令人瞩目的研究成果，而且已经建立了一些具有不同智能程度的计算机系统。例如，求解微分方程、设计分析集成电路、合成人类自然语言、语音识别、手写体识别、疾病诊断专家系统等。同其他学科一样，AI 的研究都是结合具体的应用来展开的。对于研究领域的分类，不同的学者有不同的观点，也就有了不同的分类方法。尽管有不同的分类，但至少存在一些共同分类，如专家系统、机器学习、模式识别、自然语言理解、机器人、人工神经网络、博弈与游戏等。下面介绍几个主要的应用领域。

1. 专家系统领域

专家系统是一个智能的计算机程序，它运用知识和推理步骤来解决只有专家才能解决的复杂问题。专家系统的特点是拥有大量的专家知识，能模拟专家的思维方式，面对复杂的实际问题，能做出像专家一样的解答。专家系统可以解决的一般问题包括解释、预测、诊断、设计、规划、监控、指导和控制等。

一般来说，一个专家系统由知识库、推理机综合数据库、解释模块、知识获取模块和人机界面 6 个部分组成，具有启发性、透明性和灵活性的特点。

自第一个专家系统 DENDRL 于 20 世纪 70 年代问世以来，已开发出很多高水平的专家系统。例如，DENDRL 系统可以像物理、化学专家一样推断分子的组成结构；地矿勘探专家系统 PROSPECTOR 可以根据岩石标本及地质勘探数据对矿藏资源进行估计和预测；WYCIN 系统可以识别 51 种病菌，能为患者诊断、治疗传染性疾病；XCON 系统能根据用户需求确定计算机的配置；American Express 系统能进行信用卡认证，防止不应有的损失。AI 在教育中的应用即智能计算机辅助教学，也有很多典型系统，如SCHOLAR系统是用于南美洲地理课的学习，WHY系统是用于降雨的原因和复杂的地球物理学过程的学习，SOPHIE系统是反应性的学习环境，还有BIP、WEST、WUMPUS、GUIDON、EXCHECK、BUGGY等系统。

2. 机器学习领域

机器学习是机器具有智能的重要标志，这也是机器获取知识的基本途径。机器学习是AI的一个重要研究领域，也是AI最早的研究方向之一。机器学习主要研究如何使计算机模拟或实现人的学习功能，如人的学习机制、学习方法等。因此，它与认知科学、神经生理学、逻辑学、教育学等学科密切相关。通过对机器学习的研究，计算机不仅可以通过学习获得更多的知识，具有更强的智能，还可以进一步揭示人类的思维规律和学习之谜，帮助人们提高学习效率。

3. 模式识别领域

模式识别它能使计算机识别给定的交易，并将其分类为相同或类似的模式。其中，要识别的东西可以是物理的、化学的、生理的，也可以是文字、图像、声音等等。模式识别的主要目标是利用计算机模拟人类的各种识别能力。目前，它主要模拟视觉和听觉能力，主要用于图形图像和语音识别。

图形图像识别主要识别文字、符号、照片、工程图纸和各种图像。目前可识别中文、英文、日文等印刷及部分手写文字，并有产品上市，工程图纸识别已进入实用阶段。语音识别主要是对各种语音信号进行分类，语音识别技术近年来发展迅速，如汉字语音输入系统等商业产品。

4. 自然语言理解领域

自然语言理解是研究如何让计算机“听懂”人类自然语言及其表达思想。研究自然语言理解的目的是提高人机交换信息的能力，使人更容易以自然的方式与计算机进行沟通。人类的自然语言包括口头语言和文字语言两种形式，自然语言的理解也就可分为书面语言的理解、口语（声音）的理解以及手书文字的识别。

自然语言处理研究使用计算机理解和生成自然语言的理论和技术。目前，自然语言处理的研究主要集中在手写文字识别、书面语句的理解、机器翻译、口语的理解和自然语言的接口等方面。它十分适宜于人们进行机器翻译的学习与体验。

5. 机器人领域

机器人是在一定的条件下能够完成人类部分的行动或功能的机器。它的研究通常划分为三个阶段：①程序机器人阶段，即按预定编好的程序执行某些重复作业的简单装置，若环境或任务发生变化，则要重新进行程序设计；②自适应机器人阶段，该阶段的机器人自身有相应的感觉传感器，并用计算机进行控制，具有一定的智能，但还没有达到完全“自我控制”的程度；③智能机器人阶段，即机器人具有感知环境和思维的能力，配备感觉器官，能从外部环境获取信息，并对信息进行处理。

机器人可以应用于工业、农业、国防、科技、教育、医疗、家庭等领域。目前开发的机器人主要有工业机器人、智能机器人、宇宙开发机器人、海洋开发机器人、玩具机器人、服务机器人等，机器人的发展将对社会带来不可估量的变化。

6. 人工神经网络领域

人工神经网络的研究始于20世纪40年代，是利用多个简单的处理单元彼此按照某一种方式相互连接而成的计算机系统，用来模拟大脑神经系统的结构和功能。人工神经网络已经成功地应用于AI领域的许多方面，例如自然语言处理、图像（数据）压缩、字符识别、金融业与经济模拟等。它在机器学习、专家系统、智能控制、模式识别、计算机视觉、自适应滤波、信息处理、非线性系统辨识及非线性系统组合优化等领域已经取得显著成就，这说明模仿生物神经计算功能的人工神经网络具有计算机难以比拟的优势。现在，神经网络已成为AI中一个极其重要的研究领域。

人工神经网络具有以下基本特点：

（1）学习能力

可以通过训练抽象出训练样本的主要特征，从而表现出强大的自适应能力。学习能力是神经网络智能程度的重要体现。

（2）分布性

在神经网络中，信息分散在各个神经元的连接上。神经网络的信息分布特性使其具有强大的容错和记忆联想能力。

（3）并行性

各个神经元在处理信息时是独立进行的，这种并行处理使得信息处理的速度大大加快。

从实现智能的基本思路上看，人工神经网络与专家系统的最大区别在于专家系统属于人类智能的功能模拟，而人工神经网络则偏重对人脑结构的模拟。

7. 博弈

博弈研究对策和斗智，诸如下棋、打牌等智能活动。博弈以问题求解和模式识别为基础，最能体现AI技术的优势，其研究大多以下棋为例，研制一些博弈程序，如IBM公司推出的名为“深蓝”的计算机。

当前，AI的研究热点是智能接口、数据挖掘、主体（agent）及多主体系统等。智能接口技术是研究如何使人们能够方便自然地与计算机交流，它在较大程度上依赖于知识表示方法的研究与应用。目前，智能接口技术在文字识别、语音合成、图像识别、机器翻译以及自然语言理解等方面已经取得了显著成果，并已经开始实用化。数据挖掘是从大量的、不完全的、有噪声的、模糊的、随机的实际应用数据中提取隐含在其中的、人们事先不知道的、但又是潜在有用的信息和知识的过程。事实上，数据库、AI 和数理统计是数据挖掘和知识发现的技术支柱，主要研究内容包括发现算法、数据仓库、可视化技术、知识表示方法、半结构化和非结构化数据中的知识发现、网上数据挖掘等。Agent 是具有信念、愿望、意图、能力、选择等心智状态的实体，比“对象”有更大的力度、更高的智能性和较大的自主性。Agent 试图独立地完成任务，而且可以和环境进行交互，与其他 Agent 通信。多 Agent 系统主要研究在逻辑上或物理上分离的多个主体之间进行协调智能行为，最终实现问题求解，主要应用在对现实世界和社会的模拟、智能机械等领域。预测 AI 的未来，可能会向模糊处理、并行化、神经网络和机器情感等方向发展。

（二）AI 在教育中的应用

随着 AI 技术的发展和教育信息化的深入，AI 技术在教育领域的应用越来越受到人们的关注。许多专家学者努力从不同的角度对教育的各个方面进行研究，运用 AI 技术改变教学中的一些环节。创造现有教育中无法实现或不理想的教学方法、教学条件和教学环境，促进教育的发展。总结了目前的应用现状，并列举了有代表性的应用加以说明。

1. 智能网络组卷系统

目前无纸化考试已经成为考试的一种主要形式。广义的无纸化考试包括采用计算机来建立和管理题库、选题组卷、考试和评价等多个环节，它不仅从形式上对传统的纸笔化测验进行革命，而且对考试内涵和评价标准也有重大的创新。新近的许多研究成果表明，运用 AI 技术来提高无纸化考试系统的性能已成为新一轮的研究热点，而且对组卷策略赋予智能的探讨更为许多学者所关注。智能系统 INES（intelligent network examine system）组卷网络不仅成本低、效率高、保密性强、连续组卷时一致性好，即便在限制条件较多的情况下，仍可根据给定的组卷原则自动生成令人满意的试卷。同时，由于试卷数据库来自教师、经典试题的选择和收集，所以保证试卷的质量和重点并分享教师的工作成果，这就为学分制管理提供了公正的教学评价，充分展示了计算机网络教育的开放性，降低了办学成本，为扩大办学规模奠定了良好的基础。如何将 AI 技术引入考试和评分环节，提高成绩，促进考试系统的标准化和现代化发展，必将成为未来的研究方向。

2. 智能决策支持系统

智能决策支持系统 IDSS（intelligent decision support system）主要由数据库、模型库、方法库、人机接口及智能部件组成。目前，智能决策支持系统已成为决策支持系统 DSS 的发展方向，在网络教育领域的应用方面显现出很强的发展潜力及美好的前景。例如 IDSS 在数字图书馆中的广泛应用，该系统能够为决策者提供决策所需的数据、信息和背景材料，帮助明确决策目标和进行问题的识别，建立或修改决策模型，提供各种备选方案，并对各种方案进行评价和选优，通过对人机交互功能进行分析、比较和判断，为做出正确、有效的决策提供必要的支持。

3. 智能授导系统

智能授导系统 ITS（intelligent tutoring system）旨在创造一个优良的学习环境，使学习者方便快捷地调用各种资源，接受学习的全方位服务，以获得学习的成功。目前基于智能代理技术的智能教学系统可以通过建立教师、学生和教学管理主体，针对不同人群制定和实施教学策略，主动提供个性化的教学服务，使其具有一定的针对性和预见性。在指导策略的指导下，自动生成各种问题和练习，合理规划和调整学习内容和进度，自动生成个性化的练习或试卷，诊断学习中的错误。通过信息反馈机制，可以对教学策略进行自动修改，使其更符合学习者的个体知识结构和认知特征。特别是分布式智能引导系统，利用网络技术，分散在不同地理区域的学习者可以在相同的网络环境中进行学习和讨论，充分利用网络资源，打破原有的基于课堂的学习模式，发挥主动性。

4. 机器人教育

机器人教育是指学习和使用机器人来优化教育效果以及教师和学生的工作模式的理论和实践。机器人教育的核心基础是将 AI 技术以物化、人性化、智能化的形式应用于教育。机器人教育可以普及机器人知识，提高机器人应用水平，有助于培养学生的逻辑思维能力和实践能力。现在在国内，许多理工学校开设了机器人相关课程和研究工作，以不同的形式在课堂上进行了机器人课程的教学。

机器人教育主要从机器人教学和机器人竞赛两个方向进行。机器人教学主要是学习机器人的基本原理、组织结构和应用，机器人竞赛作为实践教学环节，提高学习者的实践能力和合作精神。机器人竞赛在全国掀起了学习的热潮，参加竞赛的热情异常高涨，这反映了机器人教育是目前提高学生信息素养的措施之一。与此相关的一个方面是虚拟现实技术和 AI 技术的使用。虚拟机器人教学平台和比赛平台也成为众多学者关注的焦点。

第四节　教育人工智能

一、人工智能时代教育的目标

这首先要问我们教育的终极目的是什么。

关于教育的终极目的，许多学者进行了探索，但最终都着落于“人”。我国教育家陶行知的“千教万教教人求真，千学万学学做真人”，就印证了“人”是教育的起点与归宿，教育的终极目的是让人过上幸福的生活。教育是为了培养一个个鲜活的人，教育应当与真实的生活相关，教育要有助于学生应对未来的挑战，教育应当培养和鼓励学生的好奇心、创造力和持续学习的能力。

教育的本质意味着，一棵树摇动另一棵树，一朵云推动另一朵云，让学生自己去感知世界，而明显不是教给学生一些外在的知识。只有成功点燃学生进行自我教育、自觉学习之火的教育，才算得上真正好的教育。

真正的教育，要将小孩当作一个独立的人格来引导，而不是想当然地直接给予。教导他们自信而不自用，独立而不孤立。激发他们的想象能力、质疑能力、自理能力、创新能力。所有好的教育，都带着智慧的光芒和发自内心的爱。

真正的教育，要回归到人格的建立上。只有拥有了独立思考和探求真理的人格，智慧的阳光才会洒满心田。只有拥有了克服困难和承担责任的人格，艰难险阻才会显得微不足道。

教育的目的并不只是让学生记住某些知识点或熟练掌握某项技能，而是将学习置身于真实的生活情境中，帮助他们体验和发展“生而为人”最重要的品质和才能：创造能力、解决问题的能力、沟通协作能力、好奇心、表达能力、勇气等。

另外，要看人工智能时代对人类能力的新要求。

第一，终身学习能力。

人工智能时代，获取新知识和技能贯穿人的整个职业生涯，每个人都需要持续学习新的、不断更新的知识和技能。今天，终身学习的受益方主要是部分学习能力强的成功人士，而未来这更可能加剧不平等，而不是减少。

第二，个性与创造力。

在未来，浮于专业表面，只能做些重复性和标准化工作的人，都会被人工智能替代。只有具备深度的专业能力和创造力，才有立足之地。

第三，需要极强的跨领域理解力和沟通合作能力。

例如服务机器人行业，会是人工智能 + 互联网 + 机器人硬件等多领域的交集，同时精通这三方面的人是可遇不可求的。所以实际工作中，一定会需要和其他背景的专业人士共同协作。这时，一方面，需要多领域的知识储备（背后支撑的是快速学习能力），另一方面，沟通合作能力尤其重要。

第四，还需要较高的人文素养和灵魂境界。

未来的人工智能时代，需要超越纯逻辑性的思维和纯理性的内涵。例如，有人认为，对于机器人产品，把功能价值做好就可以了，但是机器人和人交互时，一定会伴随着情感等非理性影响，这不是设计者想规避就能去除的。

第五，成为人工智能时代的原住民。

在人工智能时代到来之后，让每个孩子都成为人工智能时代的原住民，意义非常重大。

信息时代的第一代原住民是 90 后，他们创造了信息时代的生活方式，符合他们文化的企业包括 Facebook/谷歌等。同理，人工智能时代的原住民的成长逻辑是：能否让这些孩子在小的时候和机器一起玩耍，长大之后利用智能机器高效地工作？

工业时代强调智商（IQ），这是人与物的关系；到了信息时代，强调情商（EQ），这是人与人的关系。到了人工智能时代我们说人工智能指数（AIQ），这是人与人工智能的关系，是人工智能时代的“商值”评定。利用先进工具是人类发展至今的关键，AIQ 就是利用人工智能技术的能力。一个人有没有能量，看他能否和智能“机器”打交道，能否利用各种智能系统发挥自己的优势。这些问题在下一个时代将变得极其重要。

二、人工智能给基础教育带来什么

一方面，人工智能时代来临，要求教育必须有所变革。

当人工智能正在以一种无法预测的方式改变工作时，人类就需要与之适应掌握新技能。为了保持竞争力，并为所有人都提供最好的通向成功的机会，社会需要为未来的人们提供新的基础教育。

另一方面，人工智能等新技术也让学习更高效，更有必要。

不断减轻人类痛苦是技术持续进步的主要动力。人工智能也一样，它的研发初衷是为了把人从简单、机械、烦琐的工作中解放出来，然后从事更具创造性的工作。因而，教育人工智能的使命就是让教师腾出更多的时间和精力，创新教育内容、改革教学方法，让基础教育这件事变得更美好。

教育人工智能主要是人工智能与学习科学相结合而形成的一个新领域。教育人工智能的目标有两个：一是促进自适应学习环境的发展和人工智能工具在基础教育中高效、灵活以及个性化的运用；二是“运用精确的计算和清晰的形式表达基础教育学、心理学和社会学中含糊不清的知识”，让人工智能成为破解大脑学习之谜的重要工具。

换言之，教育人工智能重在通过人工智能技术，更深入、更微观地窥视、理解学习是如何发生的，是如何受到外界各类因素（如社会经济、物质环境、科学技术等）影响的，进而为大学生高效地进行学习创造条件。

那么，人工智能到底怎样与教育结合呢？

目前，人工智能在教育领域的应用技术主要包括图像识别、语音识别、人机交互等。例如，通过图像识别技术，人工智能可以将教师从重复性、大批量的批改作业和阅卷工作中解放出来；语音识别和自然语言处理技术可以辅助教师进行英语口试测评，也可以纠正、改进学生的英语发音和语言表达；而人机交互技术可以协助教师为学生在线答疑解惑。而虚拟和增强现实能从根本上改善教育培训，大数据为个性化教育提供良机，社交学习平台使得不同知识水平的人连接起来更容易。

自适应学习、智能学习反馈、机器人远程支教等人工智能的教育应用也被看好。虽然目前人工智能技术在基础教育中的应用尚处于起步阶段，但随着人工智能技术的进步，未来其在基础教育领域的应用程度或将加深，应用空间或许会更大。

以自适应学习驱动个性化教育为例，收集学生作业、课堂行为、单元测试等数据，对不同学生的学情进行个性化诊断，并进一步为每个学生制定自适应的辅导和练习，从而实现因材施教，这已成为教育人工智能探索的一个方向。实现人工智能引领个性化教学的一个关键点是数据的采集与分析。人工智能为了更好地应用到教育中，首先需要做好数据采集工作。教育数据产生于各种教育活动和整个教学的全过程，目前，教育数据的来源渠道有两个：一是来源于数字化的教学环境，教学和学习数据在这种数字化环境中自然而然地产生；二是从传统教学行为中收集教育信息，并将之转化为数据。

例如未来的外语学习，为人工智能科技对教育的变革提供了样本。

许多人学了几十年英语，会读会写，可是听不懂英语，自己更不会开口说。这是由于缺乏英语交流的语言环境。未来的外语学习利用 VR 虚拟情景、机器人等技术，通过人工智能给学生提供沉浸式的学习体验，让学生可以从实时实境的互动中提升自己的外语能力，并且未来的外语学习是有针对性的。基于学生留在云端的学习行为数据，系统能为学生提供个性化学习方案，让学生能得到更充分且有针对性的语言实践练习，并且未来的外语学习也是低成本的。相比于传统的课堂授课，远程教育带来了一种低成本的新型师生互动模式。而人工智能够像远程教育一样，它增长的边际成本趋近于零，能节省昂贵的教师人力成本。

因此，人工智能不仅被用来节省教师人力、提高教学效率，而且更重要的是驱动教学方式的变革。未来教育是人与人工智能协作的时代，充分发挥机器与人类不同的优势是提升生产力的关键。

教育与未来只差一个人工智能的距离。

三、为何自适应学习能够革命性地改进教育人工智能

如果说机器人助教是教育人工智能的完美表现，那么，自适应学习就是教育人工智能的内核与大脑。

当今的在线教育平台层出不穷，说明如今的在线教育业已做到了可提供较为优质的教育的资源库，可是在线教育却不是完全以学习者为中心，还未实现使每个学习者获得最优教育资源的目标。

自适应学习对大量学生运用同一材料进行学习的状况最为有效，因为这样能够收集到大量的数据。根据每一个学生的状况各自调整课程，据此实现最轻松最高效的学习方法。“自适应学习”概念多年前就出现了，但新的人工智能技术，尤其是机器学习技术，可能最终有望帮助其真正实现这一目标。自适应学习能够实现每个学习者获得最优教育资源的目标，实现真正以学习者为主体的教育，在学习材料以及材料的呈现上实现实时个性化，为具备不同认知水平、认知风格的学习者提供与他们自身能力相适应的个性化学习，达到在特定的时刻为特定的学习者提供特定的知识的水平。

教师试图越来越多地了解每一个学生，以此在适当的时间提供正确的学习体验，满足每个学生不同的学习需求。有效的自适应软件可以强化这种努力，并且可以提供实现这一目标的现实途径。

在技术增强的学习环境、学习数据分析、网络与移动终端的支持下，开展个性化学习有了更多现实发展潜力。可以看出，个性化学习将成为继移动学习、泛在学习之后的新型学习方式。而实现个性化学习的技术方式在于自适应学习，以自适应学习内容推荐、自适应学习路径生成为主要构成的自适应学习服务，将随着个性化学习方式的兴起逐步要求到位。

自适应学习的出现本来是为了解决传统的线性教育存在的问题。例如，传统线性教育都是统一规划的，如今通常认为，这类线性教育容易导致一部分学习者，在已掌握知识的状况下，仍然不得不与其他学习者一样按部就班地进行

低效学习，不能跳跃，浪费了大量的时间与精力；另外，线性学习缺乏互动性，也使存在问题的学习者不能得到即时反馈与帮助；再者，学习材料即使被细分和拆解，但仍然不能适应学生需要自动关联至下一个知识点与阶段。

自适应学习这个概念强调的是一种自主学习，自主学习模式是符合人类学习的本质的。自适应学习其实是我们传统因材施教，一对一施教理念的人工智能变形版。

因此，自适应学习成为一个非常有前途的领域，自适应学习系统的出现，就是希望通过技术手段，不断通过数据分析获得学习者目前的学习水平与状态，并且相应地调整学习活动与进程，帮助学习者实现差异化的学习。全球的教育工作者正在使用自适应工具来改变他们的教学，这类工具正在增加，并在教室中获得广泛接受。

当然，这些工具不是灵丹妙药。任何一个单一的工具都不可能接管一个学生全部的教育，指导他们正确完成每一件他们应该做的事情。并且，我们也不可能想象，构建学生学习的动力，帮助学生拥有自己的学习能力，发展他们的元认知技能，这些教育追求全部由这些工具来实现。但是，自适应学习是一个强大的推动力量，使这些追求更有效和高效。这项技术可以加速学生的知识学习、经验增长及有效工作，使教育工作者可以帮助所有的孩子找到激情和充分发挥潜力。

AlphaGo 是只针对围棋这一垂直领域的人工智能，而教育领域的自适应学习可要复杂得多了。自适应学习与 AlphaGo 相比，二者背后的深度学习、机器学习的基本原理很相似。但是，自适应学习复杂度高得多。前者应对的是一个固定游戏规则的单一活动，而后者则是要面对人类最复杂的活动之教育，而且“游戏规则”会随着参与教育活动的三方——教师、学生和提供教育情境方的互动而改变，其复杂程度可想而知。

顾名思义，自适应学习系统会根据学生的不同状况“自动适应”，然后只给出学生需要的题目或知识点。自适应教学的本质是采集、维护和解析海量的学习行为和学习内容数据。

自适应学习引擎就像一个人工智能的大脑，它以前期积累的内容及学生大数据为基础，再通过机器学习与训练，理解学生学习所处的情境，为学生推荐最有价值的知识点和习题，最大限度地提升学习效率，真正做到因材施教。

“自适应”其实就是在强调某种“智能”，希望机器能聪明且自动化地为我们解决一些问题。从专业的角度来说，其实是希望在两种需要之间做平衡，即：“按需推送资源”和“按学习能力推送资源”，二者分别对应“按需教学”（学生自主选择学习内容和节奏）和“适应性教学”（软件或者教师为学生选择学习内容和节奏）。

在传统线性教育中，教师常常会让学生自己整理错题集。有经验的教师，则根据学生的错题来判断他掌握知识的程度。其实这些都是检测手段，最终希望达到的目的就是得知学生的知识掌握程度。

自适应教学通过以上这些方式最终能够取代教师 70% 的工作量，缩减学生 50% 的做题时间，节省线性教育中被大量浪费的学习时间。

若是我们拿自适应学习来跟这些年来备受推崇的在线教育模式相比，就会发现目前的在线教育模式有一个巨大的缺陷，那就是它的课程完成率很低。为何会产生这种状况？就是由于它没有解决课程的互动问题。然而，对于课程来说，教学互动是处于核心位置的。

自适应学习系统不是指简简单单界面上的交互，而是学生在学习过程中不断地实质性地在学习上获得交互与反馈。

一是教师和学生的交互，其最理想的状况是优秀的教师能够针对各个学生的情况，给予针对每个学生的个性化教学和辅导。但客观状况是，优秀的教师所供给的教育能力终究有限，不是每个学生都能获得这一机会。

二是指学生之间的交互，最理想的状态是优秀的学生能够跟其他学生深入交流。但这一点总体来说是不可行的。由于无论什么样的学生，在学习过程中都会自发组合，产生学生之间的交互，其质量和保障是难以控制的。

三是普遍最受重视的学生与软件系统的交互。这才是核心的解决办法，因为计算机软件的运算能力、准确性、信息量及供应力相当强大。所谓的自适应学习，就是在这个交互性的领域实现智能化。用最直观的方法描述，就是学生在学习过程中的任何任意环节，怎么学、学什么材料，都会有一个像好老师一样的智能学习机器人来对学生进行有针对性的一对一教导。

先假设一种状况：有一位学生做了 10 道数学题，结果他做对了 6 道题，做错了 4 道题；然后这个学生又去做了 10 道数学题，结果是对了 2 道题，错了 8 道题。那么这个时候老师应当怎么办？

面对这种情况，不同的老师就会有不同的反应。没有经验的老师，可能会给学生再布置一批同样难度的数学题，让学生多练，觉得这样学生自然就会熟能生巧；水平中等的老师呢？他会降低难度，让学生去做一些难度低一点的数学题，看看学生的状况；而好的老师则会根据经验判断他的问题不在于数学题的练习，而是在于他的基础没有打牢。

这就是自适应学习系统，模拟优秀教师的教学过程去给学生提出个性化的学习指导。

当然，现实状况可能更复杂。例如，班上每个学生都有每人的薄弱点，每一个学生的状况不一样，综合起来的知识点数量如此庞大，出现的问题则是全部状况的乘积。所以，若是希望通过一一对应的编程方式去判断学生的状况，那么我们为了编程所需要预设的规则路径几乎是天文数字。所以，试图通过给出程序性的判断来解决问题的方法是不可行的，必须通过机器学习智能应对无数的可能。

而且在实际应用中，还有许多状况更为复杂，如英语，其知识点的关系是离散的，不一定先学习名词的单复数后才能够学不定冠词的用法，各个知识点呈现的只是相关性。这种教学过程只能通过优秀教师去以极为丰富的经验来进行综合判断和指导；对于计算机软件而言，这个过程基本没有可形式化的规则能够预设，所以几乎难以通过简单的编程手段来实现这一类的教师智能，只能选用类似 AlphaGo 的人工智能算法来进行运算模拟。

因此，学习的“交互性”复杂是我们通常能够看到的突出问题，许多机构在做着各类有益的尝试。但若是要彻底解决这一问题，计算机软件需要“学习优秀教师的教学过程”，这并非通过简单的形式化规则编程就能够实现，而是需要通过人工智能的技术手段进行深度的模拟，这就是自适应学习系统的目标和根本定义。

教育是一个人力智力密集型行业，对教师人力资源的过度依赖是教育行业问题根本所在。人人都希望在受教育过程中可以遇到良师，可以接受优质教育。但优秀的老师和教育资源终究有限，能否利用人工智能让更多的人享受到优质的教育资源？

这正是自适应学习在教育领域能大有所为之处。

第二章

人工智能教育应用的理论基础

第一节　建构主义与人本主义学习理论

一、建构主义学习理论

建构主义是一种心理学和哲学的观点，认为个体形成或者建构了他们的学习和理解。严格意义上说，建构主义不是一种理论，而是一种认识论，或者看成是对学习本质哲学层面上的解释。当代建构主义的重新兴盛除了受到后现代主义、女性主义哲学的影响外，最直接的推动力还是来自教育技术领域。20世纪80年代，由于信息技术对教育的挑战，传统学习和教学理论已无法适应新的要求，于是人们尤其是教育技术界的学者们重新掀起了建构主义的理论思潮，并根据信息技术的需要，注入了新的东西。

（一）学习观

学习不单是知识由外到内的转移和传递，而是学习者主动地建构自己的知识经验的过程，即通过新经验与原有知识经验的双向的相互作用，来充实、丰富和改造自己的知识经验。学习不是知识由教师向学生的传递过程，而是学生建构自己的知识的过程，学习者不是被动的信息吸收者，相反，他要主动地建构信息的意义，这种建构不可能由其他人代替。

1. 学习的含义

建构主义认为，知识不是通过教师传授得到，而是学习者在一定的情境即社会文化背景下，借助其他人（包括教师和学习伙伴）的帮助，利用必要的学习资料，通过意义建构的方式而获得的。由于学习是在一定的情境即社会文化背景下，借助其他人的帮助，即通过人际间的协作活动而实现的意义建构过程，因此建构主义学习理论认为“情境”“协作”“会话”和“意义建构”是学习环境中的四大要素或四大属性。“情境”：学习环境中的情境必须有利于学生对所学内容的意义建构。这就对教学设计提出了新的要求，也就是说，在建构主义学习环境下，教学设计不仅要考虑教学目标分析，还要考虑有利于学生建构意义的情境的创设问题，并把情境创设看作是教学设计的最重要内容之一。“协作”：协作发生在学习过程的始终。协作对学习资料的搜集与分析、假设的提出与验证、学习成果的评价直至意义的最终建构均有重要作用。“会话”：会话是协作过程中的不可缺少环节。学习小组成员之间必须通过会话商讨如何完成规定的学习任务的计划；此外，协作学习过程也是会话过程，在此过程中，每个学习者的思维成果（智慧）为整个学习群体所共享，因此会话是达到意义建构的重要手段之一。“意义建构”：这是整个学习过程的最终目标。所要建构的意义是指：事物的性质、规律以及事物之间的内在联系。在学习过程中帮助学生建构意义就是要帮助学生对当前学习内容所反映的事物的性质、规律以及该事物与其他事物之间的内在联系达到较深刻的理解。这种理解在大脑中的长期存储形式就是“图式”，也就是关于当前所学内容的认知结构。由以上所述的“学习”的含义可知，学习的质量是学习者建构意义能力的函数，而不是学习者重现教师思维过程能力的函数。换句话说，获得知识的多少取决于学习者根据自身经验去建构有关知识的意义的能力，而不取决于学习者记忆和背诵教师讲授内容的能力。

2. 学习的方法

建构主义提倡在教师指导下的、以学习者为中心的学习，也就是说，既强调学习者的认知主体作用，又不忽视教师的指导作用，教师是意义建构的帮助者、促进者，而不是知识的传授者与灌输者。学生是信息加工的主体，是意义的主动建构者，而不是外部刺激的被动接受者和被灌输的对象。学生要成为意义的主动建构者，就要求学生在学习过程中从以下几个方面发挥主体作用：①要用探索法、发现法去建构知识的意义；②在建构意义过程中要求学生主动去搜集并分析有关的信息和资料，对所学习的问题要提出各种假设并努力加以验证；③要把当前学习内容所反映的事物尽量和自己已经知道的事物相联系，并对这种联系加以认真的思考。“联系”与“思考”是意义构建的关键。如果能把联系与思考的过程与协作学习中的协商过程（即交流、讨论的过程）结合起来，则学生建构意义的效率会更高、质量会更好。协商有“自我协商”与“相互协商”（也叫“内部协商”与“社会协商”）两种，自我协商是指自己和自己争辩什么是正确的；相互协商则指学习小组内部相互之间的讨论与辩论。教师要成为学生建构意义的帮助者，就要求教师在教学过程中从以下几个方面发挥指导作用：①激发学生的学习兴趣，帮助学生形成学习动机；②通过创设符合教学内容要求的情境和提示新旧知识之间联系的线索，帮助学生建构当前所学知识的意义；③为了使意义建构更有效，教师应在可能的条件下组织协作学习（开展讨论与交流），并对协作学习过程进行引导，使之朝有利于意义建构的方向发展。引导的方法包括：提出适当的问题以引起学生的思考和讨论；在讨论中设法把问题一步步引向深入以加深学生对所学内容的理解；要启发诱导学生自己去发现规律、自己去纠正和补充片面的或错误的认识。

（二）教学原则与教学模式

建构主义者根据自己对学习的基本理解，就学习内容的选取和组织、教学进程的整体设计等问题提出了自己的观点，发展出了许多教学模式。著名的教学模式有随机进入教学、情境性学习、抛锚式学习、真实性学习、认知学徒制、支架式教学、协作学习等。随机进入教学主张，不要抽象地讲解如何运用概念，而是把概念具体到一定的实例中，并与具体情境联系起来。对于同一内容，要在不同时间多次进行学习，每次学习的情境都是经过改组的，而且目的不同，分别着眼于问题的不同侧面，从而促进学生把握概念的复杂性，并广泛而灵活地将概念运用到具体情境中。情境性教学批评传统教学远离生活实际，倡导教学要以解决学生在现实生活中遇到的问题为目标，主张采用真实性任务，设置与现实问题情境相似的教学情境，引导学生展开与现实中专家解决问题相类似的探索过程，获取隐含于情境之中的知识、工具，并在学习过程中评价学生的学习。抛锚式教学主张，给学生提供一个真实的、界定了知识应用范围的问题情境（往往是通过录像技术来实现的），促使学习者从不同的角度考察所学主题，理解知识的使用情境，以发展学习者灵活的可应用的知识，并迁移到其他问题情境之中。认知学徒制主张让学习者像手工艺行业中的徒弟跟随师父那样在实际情境中进行学习，从多个角度观察、模仿专家在解决真实性问题时所外化出来的认知过程，从而获得可应用的知识以及解决实际问题的能力。支架式教学主张，向学生提供具有挑战性的学习任务，在学生自主完成任务的过程中，教师适时、适量、适当地给予支持和帮助（如示范、提示、反馈、指点等），随着学生自身能力的增长，教师逐渐减少支持，直到学生完全独立而全部撤除支持，让学生承担学习的责任，对自己的学习进行自我调节。

二、人本主义学习理论

（一）人本主义理论概述

人本主义理论是20世纪五六十年代在美国兴起的一种心理学学派，代表人物为美国的人本主义心理学家马斯洛（Maslow）、罗杰斯（Rodgers）等人。人本主义者主张：心理学应当把人作为一个整体来研究，而不是将人的心理肢解为不能整合的几个部分。应当研究正常的人，而且更应关注人的高级心理活动，如热情、信念、生命、尊严等内容。人本主义心理学的学习理论从全人教育的视角阐释了学习者整个人的成长历程，以发展人性；注重启发学习者的经验和创造潜能，引导其结合认知与经验，肯定自我，进行自我实现。人本主义学习理论重点研究如何为学习者创造一个良好的环境，让其从自己的角度感知世界，发展出对世界的理解，达到自我实现的最高境界。

罗杰斯在长期的心理临床实践中，创立了“以患者为中心”（以人为中心）的非指导性心理治疗法。这一方法将患者置于整个治疗的中心位置，而医者需要做的是认真倾听、体悟患者的真实感受，并以此为基础来引导他们自我治疗，同时医者还需要创造一种有利于患者康复的良好氛围。后来，罗杰斯将这一理论运用于教育教学的研究之中，将学生看作是学习的真正主人，确立了“以学生为中心”的人本主义教育观。另外一位人本主义心理学家马斯洛同样对充实人本主义学习理论做出了自身的贡献。他将人的需要由低到高划分为七个等级，每个需求都反映出对人本理念的推崇，是个体自我实现的基本流程，这七个层次依次是：一、生理需要；二、安全需要；三、归属和爱的需要；四、自尊需要；五、认知需要；六、审美需要；七、自我实现需要。需要层次理论在潜移默化中影响着现代教育理念的革新，教育研究领域所思考的问题开始由“学生如何适应教育”转向“教育怎样才能更好地服务于学生”，这显然集中体现了人本主义理念下教育的时代进步。

（二）人本主义学习理论的主要观点

1. 马斯洛的学习理论

（1）内在学习论

传统的学习是一种外在的学习，学习活动不是由学生决定的，而是由教师强制的。学生只是对个别刺激做出零碎反应而已，学生所学的知识缺少个人意义。学生学到的，顶多不过像是在他的口袋里装了几把钥匙或几个铜钱而已。学生所学的一切，对他个人的心智成长，毫无意义。马斯洛提倡内化学习，强调学习要具有个人意义，学习活动由学生自己选择和决定，不由教师强制。学生自身具有学习潜力，教师只是辅导。

（2）自我实现的人格观

人类行为的心理驱动不是本能，而是人的需要。他将其分为两大类、七个层次，好像一座金字塔，由下而上依次是生理需要、安全需要、归属与爱的需要、尊重需要、认识需要、审美需要、自我实现需要。人在满足高一层次的需要之前，至少必须先部分满足低一层次的需要。第一类需要属于缺失需要，可导致匮乏性动机，为人与动物所共有，一旦得到满足，紧张消除，兴奋降低，便失去动机。第二类需要属于生长需要，可产生成长性动机，为人类所特有，是一种超越了生存满足之后，发自内心的渴求发展和实现自身潜能的需要。满足了这种需要个体才能进入心理的自由状态，体现人的本质和价值，产生深刻的幸福感，这可以称之为“顶峰体验”。人类共有真、善、美、正义、欢乐等内在本性，具有共同的价值观和道德标准，达到人的自我实现关键在于改善人的“自知”或自我意识，使人认识到自我的内在潜能或价值，人本主义心理学就是促进人的自我实现。

2. 罗杰斯的学习理论

（1）有意义的自由学习观

罗杰斯所谓的有意义学习是以人的自主学习潜能的发挥为基础，以学生自由和自我实现为目的，以自主选择的自认为有生活和实践意义的知识经验为内容，以“自我—主动学习”为特征，以毫无外界压力的完全自主的、自由的学习为条件。这种学习过程不仅包括认识过程，也包括情意过程，还涉及学习者个性的发展。这种学习影响到学习者的态度、认识、情感、行为和生活，使人在态度、认识、情感、意志、行为和个性等方面都发生变化。

所谓有意义学习，不仅仅是一种增长知识的学习，而且是一种与每个人各部分经验都融合在一起的学习，是一种使个体的行为、态度、个性以及在未来选择行动方针时发生重大变化的学习。在这里，我们必须注意罗杰斯的有意义学习和认知教育心理学家奥苏伯尔（Osbuer）的有意义学习的区别。前者关注的是学习内容与个人之间的关系；而后者则强调新旧知识之间的联系，它只涉及理智，而不涉及个人意义。因此，按照罗杰斯的观点，奥苏伯尔的有意义学习只是一种“在颈部以上发生的学习”，并不是罗杰斯所指的有意义学习。

对于有意义学习，罗杰斯认为主要具有四个特征：①全神贯注：整个人的认知和情感均投入到学习活动之中；②自动自发：学习者由于内在的愿望主动去探索、发现和了解事件的意义；③全面发展：学习者的行为、态度、人格等获得全面发展；④自我评估：学习者自己评估自己的学习需求、学习目标是否完成等。因此，学习能对学习者产生意义，并能纳入学习者的经验系统之中。总之，“有意义的学习结合了逻辑和直觉、理智和情感、概念和经验、观念和意义。若我们以这种方式来学习，便会变成统整的人”。

（2）学生中心的教学观

罗杰斯猛烈批评传统教育方式中的师生关系。他认为传统教育的特征是：教师是知识的拥有者，学生是被动的接受者；教师是权力的拥有者，学生是服从者；教师可以通过各种方式（如讲演、考试、分数甚至嘲弄）支配学生的学习。从教育政治的角度来看，这是一种“壶与杯”的教育理论。教师（壶）拥有理智的、事实性的知识，学生（杯）是容器，知识可以灌入其中。罗杰斯主张以学生为中心，学校为学生而设，教师为学生而教。他提出要废除传统意义上的教师的角色，以促进者取而代之。学生自身具有学习的潜能，促进者只需为他们设置良好的学习环境，提供各种学习资源，使他们知道如何学习，他们就能学到所需要的一切。罗杰斯认为，教师和学生是一起成长的。教师和学生一样，需要不断地在学习中获取新的意义和启示。教育是有整合目的的、不断充实的、具有生活意义的成长历程。真正良好的教学设计是，给予学生充分的自由，让他自己去发现属于他自己的真理和智慧。真理与智慧永远是蕴藏在尚未被发现的知识的背后，教师带领学生合力去挖掘、探索，才是最理想的教学活动。

（3）知情统一的教学目标观

情感和认知是人类精神世界中两个不可分割的有机组成部分，彼此是融为一体的。因此，罗杰斯的教育理想就是要培养“躯体、心智、情感、精神、心力融汇一体”的人，也就是既用情感的方式也用认知的方式行事的情知合一的人。这种知情融为一体的人，他称之为“全人”或“功能完善者”。当然，“全人”或“功能完善者”只是一种理想化的人的模式，而要想最终实现这一教育理想，应该有一个现实的教学目标，这就是“促进变化和学习，培养能够适应变化和知道如何学习的人”。只有学会如何学习和学会如何适应变化的人，只有意识到没有任何可靠的知识，只有寻求知识的过程才是可靠的人，才是真正有教养的人。在现代世界中，变化是唯一可以作为确立教育目标的依据，这种变化取决于过程而不是静止的知识。可见，人本主义重视的是教学的过程而不是教学的内容，重视的是教学的方法而不是教学的结果。

第二节　多元智能理论与脑科学

一、多元智能理论

（一）多元智能的基本结构及内涵

在20世纪80年代出版的《智力的结构》一书中，著名教育心理学家加德纳（Gardener）首次提出并着重论述了他所谓的多元智能理论的基本结构。加德纳认为，智力应该是一组能力而不应是一种能力，而且这组能力中的各种能力不是以整合的形式存在，个体身上相对独立存在着的、与特定的认知领域或知识范畴相联系的八种智力构成了多元智能的基本结构。

1. 言语智能

言语智能主要是指有效地运用口头语言及文字的能力，即指听说读写能力，表现为个人能够顺利而高效地利用语言描述事件、表达思想并与人交流的能力。这种智能在作家、演说家、记者、编辑、节目主持人、播音员、律师等职业上有更加突出的表现。

2. 逻辑—数学智能

逻辑—数学智能主要是指一个人对事物的推理和逻辑分析的能力，它集中表现为个人能够准确地判断事物之间的各种关系，例如因果对比、逻辑关系以及分析事物内部关系的思维能力。这方面智能突出表现在以后的职业选择中，将比较适合科学家、律师、心理学家和物理学家等。

3. 空间智能

空间智能强调人对色彩、线条、形状、形式、空间及它们之间关系的敏感性很高，感受、辨别、记忆、改变物体的空间关系并借此表达思想和情感的能力比较强，表现为对线条、形状、结构、色彩和空间关系的敏感以及通过平面图形和立体造型将它们表现出来的能力。能准确地感觉视觉空间，并把所知觉到的表现出来。这类人在学习时是用意象及图像来思考的。空间智能可以划分为形象的空间智能和抽象的空间智能两种能力。形象的空间智能为画家的特长。抽象的空间智能是几何学家的特长。建筑学家形象和抽象的空间智能都擅长。

4. 身体运动智能

身体运动智能是指善于运用整个身体来表达想法和感觉，能巧妙地操纵物体和调整身体的技能。这项智能包括特殊的身体技巧，如平衡、协调、敏捷、力量、弹性和速度以及由触觉所引起的能力。手工艺人、舞蹈家、运动员、外科医生等具有较强的身体运动智能。

5. 音乐智能

音乐智能是指敏锐地感知、辨别和表达音调、节奏、旋律和音色的能力。作曲家、演奏（唱）家、音乐评论家、调琴师等都具有高度的音乐智能。

6. 人际关系智能

人际关系智能是指能够有效地理解别人和与别人交往的能力。该智能的核心是留意他人差别的能力，特别是观察并区分他人的情绪、意向、动机及性格的能力。这包括对脸部表情、声音和动作的敏感性，能够辨别他人有意隐藏的意向和期望并做出适当的反应。成功的教师、社会工作者、心理咨询师、演员、政治家等人具有较强的人际关系智能。

7. 自我认识智能

自我认识智能是指能够建构正确的自我知觉（有自知之明），并据此计划和引导自己人生的能力。这项智能包括对自己有相当的了解，意识到自己的内在情绪、意向、动机、脾气和欲求以及自律、自知、自尊。

8. 自然观察智能

自然观察智能是指能够观察自然界中的各种形态，对物体进行辨认和分类，能够洞察自然或人造系统（制品）的能力。这项智能包括了观察、反映、联结、条理化、统合及联系自然界和人文世界的知觉能力。这种智能在植物学家、猎人、生态学家、考古工作者、农业工作人员、动物饲养员和庭园设计师等人身上有突出的表现。

这八种基本智能既彼此联系，又相对独立，它们在大脑中都能找到对应的功能区域。智能总是以组合的方式运作的，任何有经验的成年人在解决问题时，都会运用多种智能的组合。这八种智能虽然是相互独立地存在着，但它们在解决问题时却表现为相互支持，一个人不可能仅用优势智能去解决所有问题。对学生来说多种智能尽可能地全面发展是十分必要的，弱势智能的发展可以成为重要的补充。所以，多元智能结构中彼此之间没有重要或不重要之分，只是在每一个体身上都各具有特点，并有着独特的表现形式。每个人都是独一无二的，都能以自己的独特方式对人类文化做出有价值的贡献。

（二）多元智能理论的特点

1. 注重多元性

随着社会的多元化发展，社会对人的要求越来越高，单一的智能突出并不能满足人的全面发展。在教育领域应用多元智能理论时，应该对八种智能给予同等程度的重视。

2. 强调独立性

每种智能之间互相没有牵制，处于独立的局面，实则在个体中有着一定的联系。由于受到后天的社会环境及教育因素的影响，那么在每个人身上将呈现每个人各具特点的智能，这就是智能的差异性。

3. 突出实践性

个体需要通过自己的不同智能来解决实际问题的能力，集中到每个人运用自己的智能在不同程度上去分析并解决现实生活中所遇到实际问题特别是较复杂难题的能力，是发现新知识的能力。每一种智能的提高都需要不断地磨炼。八大智能的提升需要不断地进行培养，身体—动觉智能（身体运动智能）的提高需要有规律地安排自身的锻炼时间，人际（关系）智能的提升需要不断地去进行人与人之间的沟通。

4. 重视开发性

要想提高人的多元智能发展水平，需要不断磨炼，开发是关键。个人全面充分地挖掘自己的潜在智能，在社会层面上来讲，应该建立一种相关的教育体系及评价标准，通过有效的方法、方式来不断地提高每个人不同智能的发展。从学校教育层面上来讲，学校是挖掘开发个人智能潜力的重要地方，要重点开发学生的不同智能，通过观察来逐步引导学生及时发现自己智能的特点，帮助学生完善自己，全面发展。

二、脑科学、认知神经科学

（一）脑科学的含义

脑科学，狭义地讲就是神经科学，是为了了解神经系统内分子水平、细胞水平、细胞间的变化过程，以及这些过程在中枢功能控制系统内的整合作用而进行的研究。（美国神经科学学会）广义的定义是研究脑的结构和功能的科学，还包括认知神经科学等。其中认知神经科学是研究认知功能内在神经机制的科学。认知神经科学是神经科学和认知心理学的交叉科学，其中神经科学研究广泛的大脑功能，而认知心理学是研究心理过程和行为表现的神经机制。脑科学的形成标志着人类认识能力的提高。标志着对物质层次的认识的深化。脑科学研究已成为科学研究的前沿。脑科学研究具有重大的理论意义和实际意义。

（二）脑科学的基本目标

脑科学研究涵盖了所有与认识脑和神经系统有关的研究，只要研究是与了解正常神经系统的活动有关，或与认识、改善神经系统的异常和病理状态有关，均属于神经科学或脑科学的范畴。现代脑科学的基本目标是：

第一，揭示神经元之间的连接形式，奠定行为的脑机制的结构基础。神经元之间的连接方式极其复杂，极其精细，正是这些连接所构成的神经回路成为脑功能的基础。

第二，阐明神经活动的基本过程，如神经元的兴奋过程、信号的传导、信号经突触的传递、信号对靶细胞的调制等。

第三，鉴别神经元的细胞生物学特性。神经细胞虽与其他细胞有许多共同的特性，但它们在感觉信息传导、信号长距离传输、对来自其他细胞信号的反应，以及修饰其靶细胞活动方面有特殊的作用，因此拥有许多高度特化的功能。

第四，认识各种功能的神经回路基础。了解神经元怎样组成回路，不同神经元信号间如何相互作用，如何通过信号的串行性处理和并行性处理实现完整的信息处理，乃至神经回路如何与生理功能相关，这些都是揭示脑的秘密的重要环节。

第五，揭示脑的高级功能机制。对脑的高级功能的研究构成脑研究中非常特殊的一个方面。问题的实质是，我们必须去揭示由大量神经元（可能处于不同脑区中）组成的功能系统的设计原理。从某种意义上来说，这是脑科学的长远目标。

第六，阐明神经系统疾患，从病因、机制去探索新的治疗手段。这既是脑科学的一个基本研究内容，又是这门学科的重要应用性目标。

第七，开拓更广的应用前景。除了对神经和精神性疾患的诊断、治疗所做的首要贡献之外，对计算技术和 AI 的发展的研究具有不可替代的重要作用。

（三）脑的结构与功能

大脑是中枢神经系统的最高级部分，人类的大脑是长期进化过程中发展起来的意识和思维的器官。每个脑半球都非常复杂，需要多个子系统把它们联系起来。脑的表面是脑皮层，厚度为 2 ~ 4 毫米，由多层细胞组成，总面积达 2000 平方厘米。脑皮层由灰质和白质组成。为了适应颅骨的大小，皮层形成了许多褶皱（脑回）和沟壑（脑沟）。脑皮层中含有绝大部分神经元，主要负责高级功能。

每个脑半球可进一步分为一些脑叶，大体而言，每个脑叶都负责特定功能

（这是当前了解的知识，但随着研究的发展，也许需要进行修正）。额叶参与计划和动作功能；额叶对听觉、记忆和物体识别起关键作用；顶叶参与感觉和空间加工；枕叶对视觉功能非常重要。每个脑叶又进一步划分为相互联系的不同神经网络，负责特定信息的处理。额叶包括初级运动皮层、额上回、额中回和额下回。初级运动皮层与躯体运动的自主控制有关，额上回与行为的计划和执行有关，额中回与高级执行功能和决策功能有关。额叶与许多高级认知功能有关，包括计划、判断、记忆、问题解决和行为功能。通常情况下，额叶皮层负责执行功能，能够控制和调节行为（包括社会上不受欢迎的行为）。人脑发展到成年期时，会出现从后向前的髓鞘化过程。由于髓鞘化轴突传递冲动的速度比非髓鞘化轴突更快，因而成熟的脑就能提升执行功能，而去髓鞘化（髓磷脂的丢失）则意味着某些疾病的发生，如多发性硬化等。顶叶可分为顶上小叶和顶下小叶，由顶内沟分开。楔前叶、中央后回、缘上回、角回都位于顶叶区域。某些顶叶区域与数学学习能力有关，顶叶还能整合感觉信息和视觉空间信息。角回与语言和认知功能有关，并加工比喻和其他抽象概念。额叶与听觉加工和听力有关，也具有一定的言语功能，尤其是左侧额叶区域。这个区域与命名、理解和其他语言功能有关。左侧梭状会作为额叶的一部分，与字词识别、数字识别、面孔识别和颜色加工有关。枕叶位于大脑后侧、小脑上部。枕叶内部区域是初级视皮层。枕叶与视觉加工、颜色辨别和运动辨别有关。

（四）神经元及其结构与功能

细胞体与树突颜色灰暗，所以在中枢神经系统内，神经元的细胞体与树突聚集的地方称为灰质或神经核团；神经元的轴突（神经纤维）由于负责传输神经信息，外面覆盖一层脂肪性髓鞘，故颜色浅而亮。所以，将其密集的地方称白质或纤维束。

由神经元细胞体伸出长短不同的胞浆突，称树突和轴突。树突是细胞体向外伸出的多个树突干。树突干像树枝一样反复分支成丛状，枝端表面有很多小刺，称幡突。轴突粗细均匀、表面光滑，细胞体段为始端，后为神经纤维。纤维末端有若干分支，叫神经末梢，末梢终端膨大形成扣状，称终扣或突触小体。多数情况下树突接受其他神经元或感受器传来的信息，并将信息传至细胞体。细胞体聚合多个树突分支接收来的神经信息，再经过细胞质内的信号传导，通过轴突传出整合后的神经信息至下一个神经元。两个神经元之间的联结区域称为突触。突触包括三个部分：轴突末端、突触间隙和突触后神经元的树突。动作电位到达突触时，会释放一种叫作神经递质的化学物质，它能穿过突触间隙。这个化学活动受神经递质类型和数量的调控，也受有关受体数量的影响。释放神经递质的数量和受体的数目受经验的影响，这就是大脑可塑性的细胞基础。神经递质对突触后神经元既有兴奋作用，又有抑制作用。

根据神经元的传递方向可将其分三类：感觉神经元将感受器传来的信息，传向中枢神经系统；中间神经元又叫联络神经元，它们将从感觉神经元中获得的信息，传给其他中间神经元或运动神经元；运动神经元从中枢神经系统将信息带给肌肉和腺体。每个运动神经元都与数以千计的中间神经元发生联系，形成庞大的神经网络。

（五）学习与大脑

1. 学习的大脑皮层机制

大脑皮层表面高度扩展、卷曲，形成许多沟和回。下凹的叫沟，凸出的叫回。人类早期的智力与皮层厚度呈负相关。随着年龄增长，这一趋势得到扭转，即智力与皮层厚度发展为正相关。更为重要的是，并不是皮层本身的厚度影响了智力，而是皮层厚度的变化趋势与智力密切相关。机体的各种功能在大脑皮层具有定位关系。在大脑皮层的各功能分区中，联络区与学习的联系最为紧密。额、顶、枕叶相互连接的部位构成了一片较大的联络区，这部分区域与感觉学习和空间关系学习有关。与海马体、杏仁核的联系使其也成为短时记忆、识别外界刺激等学习活动的生理基础，二维图形和三维图形的识别都由这部分控制。前额叶皮层则是记忆的生理基础之一。

2. 学习与大脑半球

脑科学家研究发现，大脑左右半球在结构上虽然几乎完全一样，但在功能上却有所不同。左半球是处理言语，进行抽象逻辑思维、集中思维、分析思维的中枢。它主管着人们的言语、阅读、书写、计算、排列、分类、记忆和时间感觉等心理活动，具有连续性、有序性、分析性等功能。右半球则是处理表象和进行具体形象思维、发散思维的中枢。它主管着人们的视知觉、复杂知觉、模型再认、形象、记忆、认识空间关系、识别几何图形、想象、做梦、理解隐喻、发现隐蔽关系、模仿、音乐、节奏、舞蹈以及态度、情感等，具有不连续性、弥漫性、整体性等功能。由于大脑的左半球专门负责言语功能，因而左半球受到损伤的人，就往往不能说话，不能进行抽象逻辑思维，以及出现不能阅读、情绪暴躁等症状。而右半球受到损伤的人，主要表现为情绪较低落，但仍然能从事言语活动。人们往往把负责言语功能的左半球称为优势半球。现实生活中右利手（以使用右手为主的人）的绝对优势似乎也证明了这一点。但是，后来人们又发现，并不是所有人的左半球都是优势半球，有些人的大脑左右半球的功能分工与一般人恰恰相反。与大脑左右半球相联系的还有人的双手。人的右手是由大脑左半球支配的，左手则由大脑右半球支配。右利手者的大脑左半球往往是优势半球，而左利手者的大脑右半球往往是优势半球。

3. 小脑在监督学习中的作用

小脑、边缘神经系统和海马体也在学习中发挥着重要作用。小脑的主要作用在于控制运动和身体平衡。小脑是行为学习的机制之一，是运动条件反射形成的基础。

大脑皮层是无监督学习的基础，纹状体是基于奖励预测的强化学习的基础，小脑是基于错误纠正的监督学习的基础。在强化学习中，大脑皮层负责分析刺激给出的感觉传入，纹状体负责学习行为的产出，这种行为改变是建立在多巴胺奖励预测和皮层传入信号整合的基础之上。对于强化学习，最重要的是中脑黑质多巴胺神经元编码的奖励信号到达纹状体所发挥的作用。大脑皮层对无监督学习的作用，制约于传入信号的统计学特性，并受到上行神经调质的调节作用；专门负责监督学习的小脑，制约于来自下橄榄体发出的传入性纤维所携带的有关错误信号的编码。尽管在一些复杂的序列运动学习过程中，大脑皮层和基底神经节回路在学习初期参与活动的水平较高；但随着训练进程的推进，被试行为出现自动化和快速化，伴随着从视觉空间知觉为主到以自身运动空间知觉为主的过渡，从而导致小脑参与活动的水平迅速增高。例如，人类被试根据信号进行序列按键学习，最初被试特别关注视觉信号，以便根据视觉信号线索确定手的空间定位按键；但随着训练多次重复，被试不再特别关注视觉信号。

第三节　个性化与智能化学习

一、个性化学习

个性化学习，是通过对特定学生的全方位评价发现和解决学生所存在的学习问题，为学生度身定制不同于别人的学习策略和学习方法，让学生有效地学习。每一个学生都是与众不同的，有自己独特的天赋特性、偏好和天生优势，也有不同于别人的弱点。解决学生的学习问题，应该用个性化的方法去适应学习上的要求。

（一）个性化学习的概念界定

对于“个性”，每个学科领域有着不同的理解，在哲学上个性是共性的对立面，人的个性是一个人区别于其他人的本质的、稳定的心理和思想特征的总和，它包括个人的气质、价值观、需求、能力等要素。心理学认为个性是区别于他人的、在不同环境中显现出来的、相对稳定的、影响一个人外显和内隐行为模式的心理特征的总和。从社会层面讲个性是由一个人的心理因素和社会因素共同影响的，社会是由许多相互有差异的人组成的，人也必须存在于社会之中其个性才能凸显出来。简单来说，人的个性是指个人在思想、性格、情感、态度等方面所独有的不同于其他人的特质，这个特质体现出来就是人的行为方式、情感方式、言语方式等，每个人都有自己独特的个性，并且个性随着自身的发展和周围的环境不断进化和改变。在教育学中，重点强调通过教育促进学习者的个性化发展，其中的个性化主要是指学习者个人特征的整合，每个学习者在不同阶段、每个阶段的不同学习者都有其独特个性。

（二）个性化学习的特征

1. 个性化学习的独特性

个性化学习强调每个学生都是独立的个体，学生与学生之间存在个体差异，他们都具有不同的认知特征、不同的兴趣爱好、不同的欲望渴求、不同的价值取向、不同的创造潜能，从而铸就了千差万别的个性。个性化教育中很重要的一个任务就在于发现学生的潜能，促进学生的个性发展。

这就要求我们在开展学习活动时不能单一地对所有的学生运用一种方式进行教学，应该意识到学生的个性化特征，因材施教，这样才能达到最好的教学效果以及育人目标。当然对于老师来说，非常准确地了解到每一个学生在各方面的差异是一件很难的事，而我们的个性化学习系统就能在学习过程中直观地捕捉学生的特征，这也正是研究个性化学习系统的意义之一。

2. 个性化学习的主体性

在传统的课堂教学和早期学习体系中，教师在学生的整个学习过程中占据主导地位，学生被动地跟随老师去接受新的知识。个性化学习强调学生的主体性，颠覆了传统的教学理念和教学模式。学生是学习的主体，学生的个性化特征和学生在学习过程中的表现行为应该是学习活动中核心的部分。个性化学习理论突出学生的主导地位，在个性化学习中学生所学习的内容是与自己的兴趣和现有学习状态相匹配的，能够调动学生的主观能动性，改变以往被动学习的局面，激发学生的学习兴趣。

（三）个性化学习的目标及意义

个性化学习将颠覆传统的学习方式，成为未来学习的趋势，在学习成效上应该以一定的目标为导向。个性化学习的目标是实现有意义学习。

个性化学习能够使得不同的学习者学习到真正适合自己、和自己学习现状匹配的知识，同时得到更紧密的、多维度的交互反馈以及个性化的学习支持服务，从而能够有意图地、主动地建构自己的知识体系。

随着“互联网＋”时代、智能化学习时代以及“信息技术＋教育”时代的推进，个性化学习正由理想变成现实，并且正慢慢成为我们这个时代的典型教育特征。

个性化学习实践是个体规划未来的重要一步，而服务网络的搭建就是给予这种成长期待的最有力的支撑和引导，为学习者提供个性化学习服务，以支持其自主发展，这破解了教育在个性培养方面不足的难题。

在个性化学习服务的理念下，未来学习预测结果将为学习者提供个性化学习反馈，具体包括两个方面；一是预测学习者学习成败表现、学习成绩等结果性信息；二是基于学习者的学习结果和个性特征，为其提供个性化学习反馈，包括学习内容推荐、学习互动人群推荐和学习练习推荐，从而使预测结果由初期的学习预警转变成学习改善。

二、智能化学习

智能化是指由现代通信与信息技术、计算机网络技术、行业技术、智能控制技术汇集而成的针对某一个方面的应用。智能社会不需要大批熟练操作生产流水线的标准化人才，它需要的是适应知识经济需要的具有创新能力的复合型应用人才。其中，云端化在高等教育领域表现为教育资源存储以及管理方式的改变使网络化的教学资源不仅更加容易获得，而且还可以被重复利用，充分实现教育资源的价值和使用效率。此外，各种网络化的教学资源可以大大丰富学生学习的内容，让学生更加自主地学习，突破时间和空间的限制。教学资源的云端化可以使成千上万的人员共享一个应用系统，有更多的学习机会。教师可以时刻关注教学资源，促进彼此之间的沟通和交流，不断更新教学资源，建构现代化的教学模式。

（一）智能化学习的概念界定

从感觉到记忆再到思维这一过程称为“智慧”，智慧的结果产生了行为和语言，将行为和语言的表达过程称为“能力”，两者合称“智能”。智能一般具有这样一些特点：一是具有感知能力，即具有能够感知外部世界、获取外部信息的能力，这是产生智能活动的前提条件和必要条件；二是具有记忆和思维能力，即能够存储感知到的外部信息及由思维产生的知识，同时能够利用已有的知识对信息进行分析、计算、比较、判断、联想、决策；三是具有学习能力和自适应能力，即通过与环境的相互作用，不断学习积累知识，使自己能够适应环境变化；四是具有行为决策能力，即对外界的刺激做出反应，形成决策并传达相应的信息。具有上述特点的系统则为智能系统或智能化系统。

智能化学习是在网络、大数据、物联网和AI等技术的支持下，能动地满足人的各种需求。教育内容是基于一定的社会生产力和科学文化发展水平，向学生传授的知识和技能、灌输的思想和观点、培养的习惯和行为的总和，是为了达到预期教育目的而选择的向学习者传授的学习内容的总和。在智能社会，学习者通过网络学习获得知识，因此，技能训练、思维训练和能力提升成为智能社会学校教育的主要内容。学校教育是社会大系统的一个子系统，其发展与变革与社会各因素存在必然的联系。智能社会的出现将赋予学校教育新的历史使命，将对学校教育的方方面面提出新的挑战。虚实融合的智能化教与学环境、智能化的学习资源、无缝的学习方式、动态伸缩的学习型组织、多重角色的教师、数据支持的学习评价，是智能社会学校教育的发展趋势。移动互联网技术的普及、大数据的不断涌现，已经改变了学校教育活动的要素，促使学校教育发生变革。

（二）智能化学习的特征

智能化具有智能感知、个性化、预知性、动态平衡、智能化评价等特性。

1. 智能感知特征

利用智能感知技术实现感知学生个体在学习过程中所表现出来的知识结构、水平及情感状态，从而可以让学习者更加方便、有效率地提升学习效果。

2. 个性化特征

通过跟踪和分析学习者学习过程中形成的知识能力、认知风格偏好，利用学习分析、个性化推荐等技术方法为其自动推送最佳个性化学习路径（含学习资源、学习伙伴）、认知工具和学习服务（解决疑问、提供指导）等，依据学习过程行为和结果数据对个性化学习绩效进行测量，实现因材施教。

3. 预知性特征

通过记录并细化学生的考试过程，如每道习题的答题过程、时间、速度、停顿甚至部分思路，利用大数据技术和智能算法进行分析，预测学生的学习困扰，定向推送合适的测试题目和个性化学习进度安排；通过实时跟踪监控学习历史行为数据，采用文本挖掘、大数据学习分析等技术方法，测量学生的知识能力，预测即将产生的学习危机和心理问题，为其提供合理的个性化解决方案，调整学习状态。

4. 动态平衡特征

学习者在进行学习时，当知识能力与当前的学习需求不一致时，便可通过体感技术、动作捕获、数据挖掘、眼动追踪、学习监测等智能化方法捕捉、记录学习数据，分析判断学生的认知水平、兴趣偏好，推送合适的学习资源、工具，以适应学习者不断变化的个性化学习需求。

5. 智能化评价特征

未来研究应该是利用大数据学习分析，借助学业素质与能力评价系统，对学生进行检测、评价等。此外，在知识可视化层面能够实现表征思维过程，深化学习分析。根据情境认知理论可知，知识是个体与社会互动的产物，若将交互学习过程中知识共建共享行为呈现出来，可实现同伴之间的思维可视化，促进学习者之间思想深度交流。

（三）智能化学习的目标及意义

智能化是未来高等教育在“互联网 +”时代背景下的基本走向。智能化主要是综合应用新兴信息技术打造智慧化校园，且不断融合云计算、物联网、大数据、移动互联网等技术，构建富有网络化、现代化的新型校园形态。

（四）“AI”下的智能化学习

大数据通过“量化一切”而实现学习的数据化，彻底改变认知和理解知识的方式，通过采集用户学习数据，对学习者的学习内容需求和个人学习习惯有所掌握，从而进行基于全量数据的学习分析，为学习策略的选择和调整提供参考，以达到能够为用户提供个性化分析、判断，人性化推送与服务的目的。同时，研究成果亦可被国家高校网络学院、在线教育培训机构等所采纳，实现教育评价从“经验主义”走向“数据主义”，通过数据全面跟踪和掌握学生的学习行为、过程和特点，优化教学质量，实现对教育质量的监控反馈，从而推进当前我国教育信息化发展。

在教育中，不断融入新事物，有利于教育落地生根。相应地，新型教育形态受制于互联网、物联网、数据处理等新兴信息技术的发展，在未来高等教育的发展过程中，需要积极促进各种新兴技术与教育的融合创新发展，加强跨界整合。

第四节　智慧教育环境

随着教育技术和教育理念的不断变革，现代教育正朝着智能化、个性化、精准化、泛在化的方向发展。近年来，教育学界的研究者提出了一系列以智慧教育为核心的全新教育形式，如智慧校园、智慧课堂、智慧教学、智慧学习、智慧学习环境、智慧学习资源、教育机器人等。然而智慧化的教育时代背后必然需要有相应的技术作为支撑，技术的不断更新发展是继续教育智慧时代的必要前提条件，技术的创新是教育步入智慧时代的动力所在，AI 技术是智慧教育时代发展的核心力量。

一、智慧教育环境的概念界定

智慧教育环境是教育环境智慧化的演变，而研究智慧教学环境的前提是要清楚何为环境、何为教育环境。所谓环境，就是影响主体变化或使主体发生作用的一切情况和条件。而学习者是学习活动的主体，因此，学习环境，简单地说就是影响学习者学习的一切环境情况和条件，是支持学习活动展开的情况和条件。有学者提出学习环境应该包括物理（物质）环境和心理（社会）环境等。

智慧教育就是为学生创设智慧型的学习环境，运用灵活智慧的教学策略，为促进学生进行智慧型学习而服务，以此达到提升学生创造性思维能力、培养学生智慧型发展的目的。培养学生智慧学习才是教育的首要目的，而不是一味地灌输知识，也不是改变原有的教学策略、教学模式。智慧教育还需要有良好的智慧学习环境支持，教师能够在课堂上结合智慧教学系统，运用符合学情的教学策略，才能让学生真正地实现智慧学习。

智慧教育就是为学生营造智慧学习环境，教师结合课堂内容智慧教学，让学生能够发挥最大潜能，成为有思想、有能力的人才。

教育信息化语境中的“智慧教育”是受 IBM 公司提出的“智慧地球”概念启发而产生的。IBM 公司认为智慧教育需要关注的重点是：

第一，关注学生；

第二，分析统计的实时性；

第三，管理集中制；

第四，互动体验多样化；

第五，资源共享。

智慧教育是先进的教育理念和信息化技术的综合体，其特征包括智能感知、自动建模、资源的组织与适配、服务主动推送、适应学习的差异化、协作性和社群化等。

（一）智能感知

智能感知为判断学习类型，如正规学习与非正规学习、有意愿的学习与随意性学习等。学习目标可以通过学习时间持续性、学习资源选取系统性等因素进行判断或者由学习者自己选择。学习状态感知通过获取学习者个体的生物特征信息来感知学习者的情感状态变化，获取的技术途径目前主要有面部表情、眼动、可穿戴设备等。物理环境感知是通过传感器、GPS、RFID、智能水电控制等技术获取温度、湿度、嘈杂度、光亮等学习物理环境信息。

（二）自动建模

为了使智慧教育云的服务引擎能够准确识别学习者感知信息并提供恰当的服务反馈，必须抽取学习者和学习情境感知信息特征，建立适合计算机系统处理的抽象、准确的表征方式，这个过程称为建模。现有的学习者建模研究局限于固定感知场景，考虑到智慧学习学习情境和学习方式的特殊性，时空和个体关联限制仍未取得关键性突破。

（三）资源的组织与适配

智慧学习设备是集成智慧学习客户端和学习工具的综合学习设备，具备网络的泛在接入能力和与智慧教育云的全方位交互能力。针对不同的学习目标和学习情境，智慧学习设备可以是轻便、移动的，也可以是固定、支持完整的学习体验的。

（四）服务主动推送

根据学习者的需要和特征并基于 AI 技术，能够主动为学习者推送恰当的学习资源并提供实时反馈和鼓励，从而提升学习效果。引导学习者采用合适的学习步调进行学习。

特别是在学习分析技术的支持下，利用分析引擎能够实时监控每个学生的学习进度并提供指导，从而助力学习者沿着自己设定好的路径解决问题、完成学习任务。

（五）适应学习的差异化

智慧教育环境能够实现物理环境与虚拟环境的融合，能更好地提供适应学习者个性特征的学习支持和服务。

（六）协作性和社群化

智慧教育环境以智慧教育与学校形态的系统变革为支撑，以课程、教与学、管理、评价等主流教育活动的全新设计为基础，应用新兴信息技术打造智慧化校园文化，且不断融合云计算、物联网、大数据、移动互联网等技术，构建富有网络化、现代化的新型校园形态。

智慧教育遵循“知行创”合一的基本理念，充分吸收脑科学、学习科学、AI 等研究成果，实现教育思想理念、技术方法的变革与创新。

二、智慧教育环境的目标及意义

智慧教育环境以先进的学习、教学、管理、利用的思想和理论为指导，通过感知学习者学习目标、状态变化、物理环境和学习历史，识别学习者特性和学习情境，灵活生成最佳适配的学习任务和活动，主动向学习者推送相对应的教学服务、学习资源和学习工具，帮助学习者适配和连接学习社区，智能调控学习者的学习环境。简而言之，智慧学习能够更加贴近学习者的学习需求，满足学习行为的多样化，赋予学习者学习的主导权，智慧教育环境将会培养出更有智慧的学习者。

学生的学习过程从发现知识到获取知识，然后进行知识的转化，进而实现知识创造和有效利用，是一个完整的学习过程，是一个螺旋式上升的循环过程。由于 AI 技术本身存在着巨大的优势，AI 网络技术也会不断地进行发展而趋于成熟。这将极大地改善并且优化教育的学习环境，全面提升继续教育的整体教学质量，并有望增强教育的全面开放性。智慧教育环境以学习者为中心，以在线学习和互动课堂为手段。如何利用海量的混合式学习行为数据，发现学习行为的内在规律，是智慧教育研究的重要问题。

为了做好 AI 在教育中的应用，需要加大资金的支持，加快人员培训工作，建立技术研究团队，加强和先进研究机构的合作，使教育的支持服务更加人性化，更加体现以人为本的关怀精神。

三、人工智能驱动智慧教育

（一）教育和技术的赛跑

教育和技术之间存在某种内在的必然联系。教育和技术之间存在一场持续不懈的竞赛，经济增长与收入差距就是这场竞赛带来的结果。

当前，以人工智能为代表的技术创新进入到一个前所未有的活跃期，而教育仍未摆脱“工业化”的印记，以至于有人认为我们把机器制造得越来越像人，却把人培养得越来越像机器，这不仅制约着教育功能的充分发挥，而且导致经济社会转型面临危机。所以，我们要有一种时代紧迫感，全面深化教育改革，推动“工业化教育”向“智慧型教育”转变，扩大高质量人才的供给能力，为经济社会发展提供强有力的人力资源保障。

（二）智慧教育蓄势待发

随着人工智能越来越广泛地应用于传统行业，那些机械重复、烦琐枯燥、大量使用体力的职业可能都会被机器人所取代，甚至连一些专家的决策工作也面临风险。比如，拥有大数据分析能力的智能医疗诊断，在某些疾病上比普通医生判断的准确率更高；智能金融系统在风险预测、股票投资等方面大显神通，成为金融机构争先布局的重点领域。随着一系列连锁反应的叠加，人工智能正在触发一场剧烈的社会分工调整，我们很可能会成为人类历史上第一代需要和机器去竞争工作的人。教育作为培养人的事业，将会成为决定人类能否在人工智能时代胜出的关键。众所周知，现行教育体系是工业社会的产物，核心是通过整齐划一的教学流程批量化地生产人才，尽管难以照顾个性差异，但却为人类社会从农业时代进入工业时代提供了必要的人力资源。但是，当人类社会迈进信息时代的新阶段——人工智能时代，这种工业化的教育体系已经无法满足未来社会对人才的需求，时代发展迫切需要一场教育变革。

教育不是由外而内传递知识，而是由内而外觉悟智慧。这就要求，我们必须打破整齐划一的传统教育形态，构建与人工智能时代相适应的智慧教育体系，利用智能技术对学习环境、学习内容、教学方式、管理模式进行系统化改造，为学生提供富有选择、更有个性、更加精准的智慧教育。

四、智慧学习环境：从“教育工厂”到“学习村落”

如果把原来的学习环境比作“教育工厂”的话，那么，智慧学习环境就是“学习村落”。在这里，每个学习者都掌握学习的主动权，人工智能可以帮助他们找到志同道合的伙伴和相互匹配的导师，推送适配的学习资源，提供精准的学习支持，从而开展积极主动的个性化学习。它不是为了“统一的教”，而是为了“个性的学”，要利用数据和算法的力量来读懂学生、发现学生、服务学生。

（一）全面感知的学习场所

现在，校园只是一个开展教学的物理场所；未来，校园将变成万物互联的智能空间。人工智能会把冷冰冰的机器设备变成充满温情的“私人助理”，通过不断学习人类的行为和习惯，提出针对性的辅助策略，帮助学生开展积极主动的个性化学习。一是利用物联网技术对温度、光线、声音、气味等参数进行监测，自动调节窗户、灯具、空调、新风系统等相关设备，主动响应校园安全预警，保障学校各系统绿色高效运行，为学生创设安全舒适的学习环境。二是借助情境感知技术在自然状态下捕获学习者的动作、行为、情绪等方面的信息，精准识别学习者特征，全面感知学生的成长状态，提供学习诊断报告、身高体重走势图、健康分析报告等，为学生身心健康发展提供有力支持。三是利用大数据技术对学习过程进行跟踪，了解学生的认知水平以及在学习中存在的优势和不足，提供量身定制的最优学习路径。

（二）灵活创新的学校布局

学校的环境布局一直延续着工业时代的设计标准，目的是满足统一集体授课的需要。随着人工智能时代的到来，教育理念和教学组织形式都在发生深刻变化，学习空间的呈现形式也将随之改变。未来的学习空间将从“为集体授课而建”转向“为个性学习而建”，把千篇一律的教室变成灵活创新的学习空间，把单调乏味的建筑打造成智慧的育人环境。一是创新教室布局，打破工厂车间式的教室设计，配备可移动、易于变换的桌椅设施，支持教师开展多样化的教学活动。二是扩展学校的公共空间，按照多功能、可重组的设计思维，加强学习区、活动区、休息区等空间资源的相互转化，给学生提供更多的活动交往空间，促进学生的社会性发展，弥合正式学习与非正式学习之间的鸿沟。三是优化校园空间，给学生提供动手实践的场地，建立创客空间、创新实验室、创业孵化器等新型学习环境，培育有共同兴趣爱好的实践社群，鼓励学生把创新想法转化为实际作品。

（三）深度交互的网络学习空间

网络教育的真谛在于实现人文交互环境下的个性化学习。近些年来，很多地方利用网络学习空间进行个人成长记录和综合素质评价，带动了教育理念变革和教学模式创新。但不容忽视的是，网络学习空间的活跃程度并不乐观，交互行为停留于较浅的层面。未来，网络学习空间将从课堂教学的延伸走向教育形态的重塑，构建群体个性化的学习共同体和实践共同体。一是开发智能学习助手，根据学生的学习需求、学习路径和检索痕迹，按需推送学习资源和学习支持，过滤无关的信息，减轻认知负荷，使学生可以随时、随地、随需进行高质量的学习。二是强化成员间的关系网络，加强对互动数据的收集、分析和处理，包括订阅、观看、转发、提问、评论等，精准识别师生、生生互动关系，提供更加匹配的组合方案，形成稳定的趣缘合作共同体，促进深度交互的发生。三是提供远程协作、社会网络、同步课堂等方面的工具，鼓励跨学校、跨区域、跨国别的协同学习，扩大优质教育资源覆盖面，突破常规手段难以解决的教育均衡问题，让亿万学生同在蓝天下共享优质教育。

第三章

人工智能教育应用

第一节　人工智能教育应用中的重要技术

一、Web 技术

互联网是指通过 TCP/IP（Transmission Control Protocol/Internet Protocol，传输控制协议/网际协议）协议族互相连接在一起的计算机网络，而 Web 是运行在互联网上的一个超大规模的分布式系统。Web 通过超文本标记语言（HTML）描述信息资源，通过统一资源标识符（URI）定位信息资源，通过超文本转移协议（HTTP）请求信息资源。HTML、URL 和 HTTP 三个规范构成了 Web 的核心体系结构，是支撑着 Web 运行的基石。程序员开发的 Web 应用本质上是可以提供信息或者功能的 Web 资源，成为 Web 这个全球超大规模分布式系统中的一部分。

智能教育需要能够提供高度定制的用户体验的智能 Web 应用程序。然而，这对于 Web 开发人员来说却是一项具有挑战性的工作，因为 Web 开发的传统方法不能解决这个问题。因此，使用人工智能和相关工具可以更好地解决问题。这里提出五种方法：

（一）用自学习算法重新定义 Web 编码

可以用人工智能程序执行各种 Web 基本任务，如向数据库添加记录、更新记录、预测哪些代码最有可能被用于解决问题，以及利用这些预测提示 Web 开发人员采用特定的解决方案。因此，开发人员可以使用人工智能技术构建更智能的应用程序和机器人，速度比以前快得多。

（二）通过使用人工智能虚拟助理简化 Web 开发

对于 Web 开发人员来说，设计网页的基本布局和模板是一项乏味的工作。为了简化这些任务，虚拟助理等 AI 工具可以在简化整个设计和 Web 开发过程中提供帮助。通过询问用户问题并提取他们答案的内容，AI 虚拟助理将创建个性化内容，并将该用户所需的品牌、设计、布局和内容精确地结合在一起。因此，借助 AI 虚拟助理，Web 开发人员只需要专注于培训机器，并使其像设计师一样思考和行动。

（三）利用网络分析技术实现 SEO（Search Engine Optimization，搜索引擎优化）的人工智能

通过对 AI 支持的数据的分析和挖掘，程序员可以最大化网站的元数据以及用户生成的其他数据，并使元数据的效用最大化。使用人工智能技术构建的预测引擎可以产生一些想法，可以指出开发人员在网站架构中存在的违规行为，或者从 SEO 的角度突出显示不良内容。使用这些想法，AI 可以列出更好的方法来设计网站和开发与目标受众连接的网络内容。

（四）复杂需求收集和分析自动化

通过使用语音助手或人工智能聊天机器人，程序员可以自动完成收集客户需求和最终用户故事的过程，无须任何人为干预。程序员还可以准备详细的收集数据描述，并可以使用各种数据提取工具，以产生想法，然后推动网页设计和开发策略。通过精心构建的系统可以实现这一点，该系统使用人工视觉、NLP（Natural Language Processing，自然语言处理）、机器学习、算法和图像识别工具等。

（五）提供人工智能 Web 开发的高级终端用户体验

带有 AI 提要的聊天机器人可以将客户的关心和交互提升到更高的水平。一个简单的基于规则的聊天机器人只响应特定的预定义命令。另一方面，一个充满 AI 的聊天机器人可以通过从每个会话中学习一些新的东西来模拟一个真实的会话，并相应地调整响应和动作。它们可以自动完成日常任务，并提供相关信息和服务。可以想象这里有各种各样的可能性。这些聊天机器人可以通过响应查询、评论博客文章以及提供实时帮助和定制来提高访问者的参与度。

目前，有关基于 Web 技术的智能教学系统的研究和开发逐渐成为国内外研究的热点，其主要的研究技术是传统的智能教学系统在网络教学中的应用。其中，自适应超媒体技术就是一个比较成功的研究方向。Web 技术已成为智能教学系统不可缺少的技术。

基于 Web 的智能教学系统由于缺乏面对面的交流，在一定程度上削弱了学生的学习动机。因此利用 Agent 具有较强的通讯交互能力和自适应能力来对用户与智能教学系统之间的交互进行研究以增强学生的学习动机和进一步提高教学质量是智能教学系统需要进一步研究的课题。

二、人工智能技术

人工智能技术是教育智能化的关键技术之一，其主要目标是模仿人脑所从事的推理、证明和设计等思维活动，使机器能够完成一些需要专家才能完成的复杂工作，并扮演各种角色与使用者互动并提供反馈。在互动方面，教育机器人须达到如同真人般通过口语进行互动和沟通的能力；在智能方面，教育机器人须扮演教师、学习同伴、助理或者顾问等多重角色，并与使用者进行互动和提供反馈。

具体来看，人工智能相关技术包括机器学习、知识图谱、自然语言处理、计算机视觉、人机交互、生物特征识别、虚拟现实、增强现实。

（一）机器学习技术

机器学习是使用算法解析数据，从中学习，然后对世界上的某件事情做出决定或预测。比如苹果智能语音助手 Siri、利用垃圾邮件过滤器保持收件箱干净、购物网站的商品推送，都使用了机器学习。机器学习是一门涉及统计学、系统辨识、逼近理论、神经网络、优化理论、计算机科学、脑科学等诸多领域的交叉学科，研究计算机怎样模拟或实现人类的学习行为，以获取新的知识或技能，重新组织已有的知识结构使之不断改善自身的性能，是人工智能技术的核心。

机器学习的发展过程大体上可分为四个时期。

第一阶段是在 20 世纪 50 年代中叶到 60 年代中叶，属于热烈时期。

第二阶段是在 20 世纪 60 年代中叶至 70 年代中叶，被称为机器学习的冷静时期。

第三阶段是从 20 世纪 70 年代中叶至 80 年代中叶，被称为复兴时期。

目前属于机器学习的最新阶段，始于 1986 年。

根据学习模式、学习方法以及算法的不同，机器学习存在不同的分类方法。

1. 学习模式

可以将机器学习分类为监督学习、无监督学习和强化学习。

（1）监督学习

监督学习是利用已标记的有限训练数据集，通过某种学习策略/方法建立一个模型，实现对新数据/实例的标记（分类）/映射，最典型的监督学习算法包括回归和分类。监督学习要求训练样本的分类标签已知，分类标签精确度越高，样本越具有代表性，学习模型的准确度越高。监督学习在自然语言处理、信息检索、文本挖掘、手写体辨识、垃圾邮件侦测等领域获得了广泛应用。

比如，医院已经积累了一定的病人信息和他们最终确诊是否患病的情况，根据这些数据，我们可以通过一个软件，实现对其他病人的自动诊疗。这就是监督学习。

（2）无监督学习

无监督学习是利用无标记的有限数据描述隐藏在未标记数据中的结构/规律，最典型的非监督学习算法包括单类密度估计、单类数据降维、聚类等。无监督学习不需要训练样本和人工标注数据，便于压缩数据存储、减少计算量、提升算法速度，还可以避免正、负样本偏移引起的分类错误问题。主要用于经济预测、异常检测、数据挖掘、图像处理、模式识别等领域。

比如，电商网站对于每一客户都是同等对待，初始的时候没有标记，但是随着用户在电商网站留下越来越多的足迹，电商网站就可以使用无监督学习的方式，为他的客户群体进行分类，可能是理智型、冲动型、重视性价比型、重视商品质量型，等等。

（3）强化学习

强化学习是智能系统从环境到行为映射的学习，以使强化信号函数值最大。由于外部环境提供的信息很少，强化学习系统必须靠自身的经历进行学习。强化学习的目标是学习从环境状态到行为的映射，使得智能体选择的行为能够获得环境最大的奖赏，使得外部环境对学习系统在某种意义下的评价为最佳。其在机器人控制、无人驾驶、下棋、工业控制等领域获得成功应用。

比如，围棋程序“阿尔法狗”在和对手博弈的时候，每一次落子都是和环境进行交互，在交互之后，对手相应也落一个子，那么“阿尔法狗”相应就要思考刚才的落子是好还是不好，下一次遇到类似情况是否需要改进。

2. 学习方法

可以将机器学习分为传统机器学习和深度学习。

（1）传统机器学习

传统机器学习从观测（训练）样本出发，试图发现不能通过原理分析获得的规律，实现对未来数据行为或趋势的准确预测。相关算法包括逻辑回归、隐马尔科夫方法、支持向量机方法、三层人工神经网络方法、Adaboost（自适应增强）算法、贝叶斯方法以及决策树方法等。传统机器学习平衡了学习结果的有效性与学习模型的可解释性，为解决有限样本的学习问题提供了一种框架，主要用于有限样本情况下的模式分类、回归分析、概率密度估计等。传统机器学习方法共同的重要理论基础之一是统计学，在自然语言处理、语音识别、图像识别、信息检索和生物信息等许多计算机领域获得了广泛应用。

（2）深度学习

深度学习是建立深层结构模型的学习方法，典型的深度学习算法包括深度置信网络、卷积神经网络、受限玻尔兹曼机和循环神经网络等。深度学习又称为深度神经网络（指层数超过 3 层的神经网络）。深度学习源于多层神经网络，其实质是给出了一种将特征表示和学习合二为一的方式。深度学习的特点是放弃了可解释性，单纯追求学习的有效性。经过多年的摸索尝试和研究，已经产生了诸多深度神经网络的模型，其中卷积神经网络、循环神经网络是两类典型的模型。卷积神经网络常被应用于空间性分布数据；循环神经网络在神经网络中引入了记忆和反馈，常被应用于时间性分布数据。深度学习框架是进行深度学习的基础底层框架，一般包含主流的神经网络算法模型，提供稳定的深度学习 API（Application Program Interface，应用程序接口），支持训练模型在服务器和图形处理器（Graphics Processing Unit，简称 GPU）、张量处理单元（Tensor Processing Unit，简称 TPU）间的分布式学习，部分框架还具备在包括移动设备、云平台在内的多种平台上运行的移植能力，从而为深度学习算法带来前所未有的运行速度和实用性。目前主流的开源算法框架有 TensorFlow、Caffe/Caffe2s、CNTK、MXNet、Paddle - paddle、Torch/PyTorch、Theano 等。

传统机器学习与深度学习的区别是很明显的。比如，用一个智能程序识别猫和狗，如果是传统机器学习的方法，程序员会首先定义一些特征，如有没有胡须，耳朵、鼻子、嘴巴的形状等等，即首先要确定相应的“面部特征”作为机器学习的特征，以此来对猫和狗就行分类识别。而深度学习的方法则是自动地找出这个分类问题所需要的重要特征，这与传统机器学习需要人工给出特征显著不同。深度学习适合处理大数据，而数据量比较小的时候，用传统机器学习方法也许更合适。由于深度学习的计算量太大，所以它十分依赖高端的硬件设施。深度学习中涉及很多矩阵运算，因此很多深度学习都要求有 GPU 参与运算，因为 GPU 就是专门为矩阵运算而设计的。相反，传统机器学习对硬件要求不高，普通的老旧电脑也能运行。

（二）知识图谱技术

知识图谱提出的初衷是为了提高搜索引擎的能力，改善用户的搜索质量以及搜索体验。随着人工智能技术的发展和应用，知识图谱逐渐成为关键技术之一，现已被广泛应用于智能搜索、智能问答、个性化推荐、内容分发等领域。目前知识图谱并没有一个统一的定义，通常来说，知识图谱本质上是结构化的语义知识库，是一种由节点和边组成的图数据结构，以符号形式描述物理世界中的概念及其相互关系，其基本组成单位是“实体—关系—实体”三元组。不同实体之间通过关系相互联结，构成网状的知识结构。在知识图谱中，每个节点表示现实世界的“实体”，每条边为实体与实体之间的“关系”。通俗地讲，知识图谱就是把所有不同种类的信息连接在一起而得到的一个关系网络，提供了从“关系”的角度去分析问题的能力。

知识图谱可用于反欺诈、不一致性验证、组团欺诈等公共安全保障领域，需要用到异常分析、静态分析、动态分析等数据挖掘方法。特别地，知识图谱在搜索引擎、可视化展示和精准营销方面面临很大的优势，已成为业界的热门工具。但是，知识图谱的发展还面临很大的挑战，如数据的噪声问题，即数据本身有错误或者数据存在冗余。随着知识图谱应用的不断深入，还有一系列关键技术需要突破。

（三）自然语言处理技术

自然语言处理是一种对自然语言信息进行处理的技术，从语言学角度来说，自然语言处理也叫计算语言学。自然语言处理包括自然语言理解和自然语言生成两部分。自然语言理解是指对自然语言的内容和意图的深层把握。在人工智能领域中，自然语言理解特指计算机对自然语言的内容和意图的深层把握。自然语言生成是指从非自然语言输入到自然语言输出的处理。自然语言理解与自然语言生成互为逆过程。

如语言 A 和语言 B 可以是相同的语言，也可以是不同的语言。当语言 A 和语言 B 是相同的语言时，整个过程表示为聊天式交流；而当语言 A 和语言 B 是不同的语言时，整个过程则表示为机器翻译式交流。

自然语言处理涉及的领域较多，主要包括机器翻译、语义理解和问答系统等。

1. 机器翻译

机器翻译技术是指利用计算机技术实现从一种自然语言到另外一种自然语言的翻译过程。基于统计的机器翻译方法突破了之前基于规则和实例的翻译方法的局限性，翻译性能取得巨大提升。基于深度神经网络的机器翻译在日常口语等一些场景的成功应用已经显现出了巨大的潜力。随着上下文的语境表征和知识逻辑推理能力的发展，自然语言知识图谱不断扩充，机器翻译将会在多轮对话翻译及篇章翻译等领域取得更大进展。

目前非限定领域机器翻译中性能较佳的一种是统计机器翻译，包括训练及解码两个阶段。训练阶段的目标是获得模型参数，解码阶段的目标是利用所估计的参数和给定的优化目标，获取待翻译语句的最佳翻译结果。统计机器翻译主要包括语料预处理、词对齐、短语抽取、短语概率计算、最大熵调序等步骤。基于神经网络的端到端翻译方法不需要针对双语句子专门设计特征模型，而是直接把源语言句子的词串送入神经网络模型，经过神经网络的运算，得到目标语言句子的翻译结果。在基于端到端的机器翻译系统中，通常采用递归神经网络或卷积神经网络对句子进行表征建模，从海量训练数据中抽取语义信息，与基于短语的统计翻译相比，其翻译结果更加流畅自然，在实际应用中取得了较好的效果。

2. 语义理解

语义理解技术是指利用计算机技术实现对文本篇章的理解，并且回答与篇章相关问题的过程。语义理解更注重对上下文的理解以及对答案精准程度的把控。随着 MCTest（麦克测试）数据集的发布，语义理解受到更多关注，取得了快速发展，相关数据集和对应的神经网络模型层出不穷。语义理解技术将在智能客服、产品自动问答等相关领域发挥重要作用，进一步提高问答与对话系统的精度。

在数据采集方面，语义理解通过自动构造数据方法和自动构造填空型问题的方法来有效扩充数据资源。为了解决填充型问题，一些基于深度学习的方法相继提出，如基于注意力的神经网络方法。当前主流的模型是利用神经网络技术对篇章、问题建模，对答案的开始和终止位置进行预测，抽取出篇章片段。对于进一步泛化的答案，处理难度进一步提升，目前的语义理解技术仍有较大的提升空间。

3. 问答系统

问答系统分为开放领域的对话系统和特定领域的问答系统。问答系统技术是指让计算机像人类一样用自然语言与人交流的技术。人们可以向问答系统提交用自然语言表达的问题，系统会返回关联性较高的答案。尽管问答系统目前已经有了不少应用产品出现，但大多是应用在实际信息服务系统和智能手机助手等领域中，在问答系统方面仍然存在着问题和挑战。

自然语言处理面临四大挑战：一是在词法、句法、语义、语用和语音等不同层面存在不确定性；二是新的词汇、术语、语义和语法导致未知语言现象的不可预测性；三是数据资源的不充分使其难以覆盖复杂的语言现象；四是语义知识的模糊性和错综复杂的关联性难以用简单的数学模型描述，语义计算需要参数庞大的非线性计算。

（四）计算机视觉技术

计算机视觉是使用计算机模仿人类视觉系统的科学，让计算机拥有类似人类提取、处理、理解和分析图像以及图像序列的能力。自动驾驶、机器人、智能医疗等领域均需要通过计算机视觉技术从视觉信号中提取并处理信息。近来随着深度学习的发展，预处理、特征提取与算法处理渐渐融合，形成端到端的人工智能算法技术。根据解决的问题，计算机视觉可分为计算成像学、图像理解、三维视觉、动态视觉和视频编解码五大类。

目前，计算机视觉技术发展迅速，已具备初步的产业规模。未来计算机视觉技术的发展主要面临以下挑战：一是如何在不同的应用领域和其他技术更好地结合，计算机视觉在解决某些问题时可以广泛利用大数据，已经逐渐成熟并且可以超过人类，而在某些问题上却无法达到很高的精度；二是如何降低计算机视觉算法的开发时间和人力成本，目前计算机视觉算法需要大量的数据与人工标注，需要较长的研发周期以达到应用领域所要求的精度与耗时；三是如何加快新型算法的设计开发，随着新的成像硬件与人工智能芯片的出现，针对不同芯片与数据采集设备的计算机视觉算法的设计与开发也是挑战之一。

（五）人机交互技术

人机交互主要研究人和计算机之间的信息交换，主要包括人到计算机和计算机到人的两部分信息交换，是人工智能领域的重要的外围技术。人机交互是与认知心理学、人机工程学、多媒体技术、虚拟现实技术等密切相关的综合学科。传统的人与计算机之间的信息交换主要依靠交互设备进行，主要包括键盘、鼠标、操纵杆、数据服装、眼动跟踪器、位置跟踪器、数据手套、压力笔等输入设备，以及打印机、绘图仪、显示器、头盔式显示器、音箱等输出设备。人机交互技术除了传统的基本交互和图形交互外，还包括语音交互、情感交互、体感交互及脑机交互等技术。

（六）生物特征识别技术

生物特征识别技术是指通过个体生理特征或行为特征对个体身份进行识别认证的技术。从应用流程看，生物特征识别通常分为注册和识别两个阶段。注册阶段通过传感器对人体的生物表征信息进行采集，如利用图像传感器对指纹和人脸等光学信息、麦克风对说话声等声学信息进行采集，利用数据预处理以及特征提取技术对采集的数据进行处理，得到相应的特征，并进行存储。

识别过程采用与注册过程一致的信息采集方式对识别人进行信息采集、数据预处理和特征提取，然后将提取的特征与存储的特征进行比对分析，完成识别。从应用任务看，生物特征识别一般分为辨认与确认两种任务，辨认是指从存储库中确定待识别人身份的过程，是一对多的问题；确认是指将待识别人信息与存储库中特定单人信息进行比对，确定身份的过程，是一对一的问题。

生物特征识别技术涉及的内容十分广泛，包括指纹、掌纹、人脸、虹膜、指静脉、声纹、步态等多种生物特征，其识别过程涉及图像处理、计算机视觉、语音识别、机器学习等多项技术。目前生物特征识别作为重要的智能化身份认证技术，在金融、公共安全、教育、交通等领域得到广泛的应用。

三、仿生技术

仿生技术是工程技术与生物科学相结合的交叉学科。人们发现，一些关于植物和动物的某些功能，实际上是超越了人类自身在此方面的技术设计方案的。植物和动物在几百万年的自然进化当中不仅完全适应自然而且其程度接近完美。仿生学试图在技术方面模仿动物和植物在自然中的功能，这种技术就叫仿生技术。

当前仿生技术发展迅速，运用范围广泛，机器人技术是其主要的结合和应用领域之一。教育机器人则运用仿生技术来模仿自然界中生物的外部形状或某些技能，使机器人具有人一般的外形，做出如同真人一般细腻的动作，包括人体结构仿生、功能仿生和材料仿生等。人形机器人正是仿生科技在机器人领域的应用典型。在感知与行为能力方面，为了达到如同真人一般的感知与行为能力，整合生物、信息科技以及机械设计的仿生科技将是发展教育机器人的关键技术。

四、虚拟现实技术

虚拟现实（VR）/增强现实（AR）是以计算机为核心的新型视听技术。结合相关科学技术，在一定范围内生成与真实环境在视觉、听觉、触感等方面高度近似的数字化环境。用户借助必要的装备与数字化环境中的对象进行交互，相互影响，获得近似真实环境的感受和体验，通过显示设备、跟踪定位设备、力触觉交互设备、数据获取设备、专用芯片等实现。

虚拟现实/增强现实从技术特征角度，按照不同处理阶段，可以分为获取与建模技术、分析与利用技术、交换与分发技术、展示与交互技术以及技术标准与评价体系五个方面。获取与建模技术研究如何把物理世界或者人类的创意进行数字化和模型化，难点是三维物理世界的数字化和模型化技术；分析与利用技术重点研究对数字内容进行分析、理解、搜索和知识化方法，其难点在于内容的语义表示和分析；交换与分发技术主要强调各种网络环境下大规模的数字化内容流通、转换、集成和面向不同终端用户的个性化服务等，其核心是开放的内容交换和版权管理技术；展示与交换技术重点研究符合人类习惯的数字内容的各种显示技术及交互方法，以期提高人对复杂信息的认知能力，其难点在于建立自然和谐的人机交互环境；标准与评价体系重点研究虚拟现实/增强现实基础资源、内容编目、信源编码等的规范标准以及相应的评估技术。

虚拟现实技术在智能教学系统中的应用可以有以下几个方面。

（一）作为交互界面

智能教学系统为学生提供了满足个性要求的各种环境，同时也应该看到由于学生从小培养起来的教学习惯，课堂上课有时可能更容易接受。虚拟现实技术在虚拟课堂中的应用，可以改善目前以 HTM 技术为主的虚拟课堂交互简单、感觉媒体仅限于二维空间、沉浸感不强等缺点。基于计算机网络和交互式多媒体工作站的虚拟现实，教师可以进行虚拟教学，学习者可以通过个人工作站参加学习，观看多媒体讲课并在多媒体笔记本上做记录，并可通过计算机网络进行交互学习，这是一种现代、高效、个性化的学习环境。

（二）成为教学资源的一部分

1. 虚拟实验

实验是教学活动中一个必不可少的过程，很多学习科目都是以实验课程为基础的，尤其是对于一些实践性较强的学科，例如物理、化学、计算机组成结构等等，实验对于培养学生的实际操作能力和解决问题的能力是至关重要的，学生的大部分实践能力都可以通过实验得到。比如将虚拟实验放在网络上，在 Web 中创建一个可视化的三维环境，学生可以进行虚拟的实验，同时，同一个实验可以由不同地点不同机器上的多个人来共同完成。

2. 虚拟图书馆

虚拟图书馆也称电子图书馆，是一个高智能、集成化、数字化、集多种文献载体于一身的信息资源保障系统。学习者进入虚拟图书馆可以轻松地查阅、获取信息。它为学习者提供了丰富的学习资源。同时它可以成为智能教学系统知识库的一部分资源。

3. 虚拟研讨

在虚拟研讨（教学环境和协作学习）中，学习者可以不受时间和空间的限制，进行论文的交流和实验结果的展示。而且更是教师与学生交互、学生彼此间合作与交流的场所。为学习者的学习提供了一种全新的学习方式，借助协同虚拟环境（Cooperate Virtual Environment，简称 CVE）技术，人们可以真正进入计算机，通过网络到达任何地方，甚至进入那些通过仿真创造出来的虚拟世界，与任何人进行逼真的远程会面，完成协同工作。CVE 研究的最终目标是为地理上离散分布的协同工作者提供一个支持有效地共同工作的、直观的虚拟环境，而这种虚拟环境最终发展成为下一代的协同工作的交互界面，为智能教学系统的协作学习提供了可能。

目前虚拟现实/增强现实面临的挑战主要体现在智能获取、普适设备、自由交互和感知融合四个方面。在硬件平台与装置、核心芯片与器件、软件平台与工具、相关标准与规范等方面存在一系列科学技术问题。总体来说虚拟现实/增强现实呈现虚拟现实系统智能化、虚实环境对象无缝融合、自然交互全方位与舒适化的发展趋势。

五、学习者建模技术

研制智能教学设备，提高教学效果，离不开对学习者建模的研究。学习者模型是对真实学习者的一种抽象表示，代表了学习者的知识技能、认知行为、情感体验等方面的水平和特征。在智能辅导系统中，学习者模型扮演着大脑的角色，它可以在学习者学习的过程中跟踪其状态的变化，并自适应地给学习者提供合适的交互。而在大规模在线学习环境中，学习者模型可以对大规模的学习者进行定性或定量描述，为教师和学习环境设计人员的决策提供重要参考。在大数据和人工智能的时代，学习者模型有着非常广阔的研究空间和应用场景。

构建一个学习者模型的初期要考虑的主要因素包括作为数据来源和应用场景的教学环境、所选择建模的学习者特征以及所采用的建模技术，因此学习者模型可以从教学环境、建模对象、建模技术这三个角度进行分类。

（一）以知识状态为基准的学习者模型

以知识状态为基准的学习者模型所关注的是学习者在学习过程中其知识状态的变化。从建模技术角度看，常用的方法有覆盖模型、铅版模型、偏差模型、贝叶斯知识跟踪（Bayesian Knowledge Tracing，BKT）模型等。覆盖模型是把学生所拥有的知识集看作是专家知识的子集，通过将学生知识子集与原集进行比较，可以根据学生的知识缺陷向其推送适当的学习内容和学习策略。铅版模型是一个简单的分组用户模型，将用户分成几组，每组学生包含学生知识、偏好、兴趣、学习目标、学习历史等。偏差模型记录学生的问题解决路径与专家路径的偏差，这些偏差描述了学生在特定知识点中的某种不足，并且能够根据偏差的类型给出具体的补救措施。贝叶斯知识跟踪模型假设每项知识（或技能）有四个参数：初始概率、习得概率、猜对概率、疏忽概率，前两个参数与知识掌握相关，而后两个参数则与答题表现相关。BKT 其隐式节点代表知识点掌握情况，分别代表“未掌握”和“已掌握”；其显式节点代表学生完成练习的情况，分别代表“错误”和“正确”。

（二）以情感为基准的学习者模型

情感与认知、动机和行为密切相关，在学习过程中扮演关键角色。学习者情感模型可以从几个角度进行分类。根据模型在时间轴上的粒度可以分为快照式情感模型和连续式情感模型：快照式情感模型只建模学习者在关键时间点，如学习前和学习后的情感；连续式情感模型则对学习者在学习过程中的情感变化进行连续的跟踪。情感模型还可以根据模型数据收集的方式分为主观情感模型和客观情感模型：主观情感模型的数据可能来源于学习者通过问卷调查、访谈等方式自己报告的数据；客观情感模型的数据来源于学习者与学习环境的交互数据、视频数据、音频数据等。随着技术的进步，客观连续的情感模型受到越来越多的重视并得到很大的发展。目前，在学习者情感模型中常用的特征有人脸图像或视频、语音和文本等。可以预见，随着普适计算、穿戴式设备、情感计算和人工智能等领域的发展，学习者情感模型将更加多模化与智能化。

（三）学习者综合模型

学习者综合模型指的是对学习者多个方面进行综合而建立的整体性模型。例如，在自适应学习系统中可以通过对学习者的知识水平、认知能力、偏好信息进行综合性建模，提高自适应学习系统适应学习者的能力。除了在自适应学习系统中的应用外，学习者综合模型还有两类比较典型的应用场景。一类是预测性模型，这类模型为了提高预测准确率而综合考虑了学习者的多种信息，一个典型应用场景是 MOOCs（大型开放式网络课程）环境下的退学预测；另一类是评价性模型，这类模型主要为学生评价服务，需要以教学目标作为价值判断的依据和准绳，为了提高评价的客观性和全面性，也尽可能多地考虑学习者的多种信息。

第二节　人工智能在教育领域中的应用

一、智能导师系统（ITS）

智能导师系统是 20 世纪 70 年代发展起来的一门新兴的教育技术，是人工智能在教育领域的最初应用。结合虚拟现实技术，与之前的导师系统相比，在人机界面方面有了很多改进。同时借助于多代理系统的优势，在教学策略等方面也有了不少变化。与传统的 CAI（计算机辅助教学）的开发思路不同，它注重已有知识、人类教学专家的经验和系统推理功能。智能导师系统最大特点是可以集多种教学专家的智慧，进行因材施教。

一个完整的智能导师系统由三个基本模块组成：一是领域知识模块（又称专家模块），它包含了系统试图传授给学习者的知识，代表了专家的智能；二是学习者模型，它指明学习者已知的和尚未知的知识领域以及学生的认知特点，代表了学生智能；三是教师模型（又称教学策略模块），主要是提供有针对性的教学策略，代表了教师的智能。除了这三个基本模块以外，智能导师系统还包括一个能理解自然语言的人机接口模块，即智能导师系统的用户界面。

领域知识模块又称专家模块，是有关教学内容的专业知识和技能，它既有说明事物概念的陈述性知识，也包括利用这些概念解决问题的过程性知识。智能教学系统重视过程性知识和技能的训练，如在计算机技能考试中，已经可以对学习者的操作进行跟踪和测评（如在 Word 中的插入、删除等操作的检测）。此外，领域知识还应包括体现如何运用知识与技能的元知识，这三方面的知识构成了完整领域知识模块。

学习者模型是为了反映学习者的知识基础、认知结构、认知特点等方面的情况而建立起来的数学模型。它主要表示学习者的理解程度，并包括对学习者错误及其原因的诊断，以便采取一定的教学策略来改正学习者的错误，提高学习者的知识和能力水平。学习者模型的建立有三种方法：一是覆盖模型，把学习者的知识表示为专家知识的子集；二是偏差模型，把学习者的知识表示成与专家知识的偏离；三是贝叶斯模型，它以数据挖掘和知识发现的贝叶斯网络为基础，通过对大样本的学习者学习数据进行统计推断来构建学习者模型。建立学习者模型是实现因材施教的基础。优良的学习者模型不仅能反映学习者知识水平和学习状况，还应该能描述认知能力，因此建立认知型学习者模型非常必要。

教师模型（又称教学策略模块）能在一定程度上实现教师的功能，即能根据学习者模型反映的情况安排教学内容和进度，指导学习过程。例如，选择和生成问题让学习者回答，提供个别指导和讲解，调整教学步骤，安排新教学内容，根据诊断结果指出学习者的错误及其原因并给出补救措施，等等。教师模型所提供的教学策略很多，一般用产生式规则表示。

但也有专家指出，现有的大多数智能导师系统的界面过于呆板单调，不能有效地激发学习者的学习兴趣和动机，并且由计算机导师控制着学习的每一步，试图跟踪学习者的每一步思维，实际上是以计算机导师为中心，忽视了学习者的主动性，因而往往事倍功半，甚至徒劳无功。

南加利福尼亚大学信息科学学院的一个研究中心研究的 ADELE（Agent for Distance Education – Light Edition，远距离教育代理）智能导师可通过远距离网络对学习者予以指导，主要是关于医学方面的教学，它采用一个模拟的环境促使学习者在该环境中解决问题。ADELE 包括三个组成部分：解释引擎，监视学习者动作并对学习者的动作产生适当的教学反应；运行在独立窗口的逼真角色；会话管理器，能让多名学习者同时使用该系统，并能使相互间进行交流。

在基于病例的临床诊断应用中，ADELE 向学习者提供某一特殊的医学条件并交给一系列学习者要处理的病例，让学习者通过练习和 ADELE 适当的指导来学习医学知识（主要是临床诊断方面的知识）。在学习者分析诊断病例的过程中，ADELE 根据自身教学性的要求，在学习者处理病例的过程中通过提供提示、讲述某些特定动作的基本原理或测试学习者，以确保学习者是否真正明白隐藏在病例后的基本原理，突出病例的一些有趣的方面，监视学习者的行为并给予反馈。ADELE 是通过互联网来进行教学的，它把问题解决式练习融合在教学材料中。

二、教学设计自动化

“教学设计自动化”是指有效利用计算机技术，为教学设计人员和其他教学产品开发人员在教学设计和教学产品开发过程中提供辅助、指导、咨询、帮助或决策的过程。“教学设计自动化”更为贴切的提法应该是“计算机辅助的教学设计”。

教学设计是教育技术学核心的内容之一，教学设计理论的发展为教育技术学的发展奠定了坚实的基础。但是，教学设计往往是少数教学设计专家的“专利”，在广大教师中普及应用仍然有一定的距离。其原因主要有二：首先，教学设计方法需要进一步完善和发展，包括教学设计的过程模式比较复杂、“通用”模式在各种教学情况下的不适应等；其次，“设计”的工作量过于繁杂（如内容分析阶段的 ABCD 方法就是一项复杂的“机械”劳动）。因此，若能让计算机帮助教师完成一些“机械劳动”，让教师把更多的精力关注于学与教的过程中，这将具有非常重要的理论意义和现实意义。

教学设计自动化吸引了很多教育技术专家、心理学家、人工智能专家和计算机专家的参与并取得了相当多的成果。目前，教学设计自动化的研究主要集中在五个方面：

一是提供集成写作工具。如 WebCT、WebCL 等各大网络教学支撑平台都集成了写作工具，充分利用网络的优势，简化了过程。

二是提供教学设计专家系统。例如，教学设计专家系统 ID Expert 就是基于规则的专家系统，它可以根据教学设计人员提供的信息，提出关于课程组织、内容结构、教学策略等方面的建议。

三是提供教学设计咨询服务。专家系统开辟了教学设计的新领域，但是却抑制了教学设计开发人员创造性的发挥，咨询系统更注重发挥教学设计人员的主观能动性。

四是提供教学设计的信息管理系统：如学习研究协会开发的 IDE（instruclional design environment）系统。

五是提供电子绩效支持系统（EPSS）。如 AGD 绩效支持系统等。另外，教学设计自动化技术一个最直接的应用是为教师提供教学设计模板。Web Quest 就是一个很好的例子，它提供了多套方便实用的教学设计模板，教学设计人员和教师只需填入相应的内容，就可生成 Web Quest 教学网站，大大降低了教学设计的难度。

自 20 世纪 90 年代以来，中国在教学设计自动化领域也进行了一些研究，其中影响较大的研究项目主要有：

（一）教学模式工具包（TMT）

多媒体资源可以视为不同教学模式之间被移植的目标，开发一个教学模式工具包（TMT）。其系统框架可以分为三层：第一层包括“学习教学模式”“备课”等准备工作；第二层重点是把所选择的“教学模式”细化为“要素”；第三层则通过“一般的软件工具”进一步转化为“多媒体学习资源”。

（二）基于教学模式的课件开发平台（JBMT）

该模型将教学软件的开发分为课件写作、堂件写作、教学过程支持三个阶段。基于该模型和教学模式库的支持，教学人员在用计算机进行教材编写、教案编写和课堂讲授的同时，便可完成教学软件原型的生成和逐步求精。北大青鸟项目组进行了 JBMT（Jade Bird multimedia tool）系统的开发，其后还开发出网络版的 JBMT/WO JBMT 系统对教学类多媒体课件的自动化设计具有较强的支持作用。

（三）教学处理与 ISD Wizard 系统

教学设计自动化的更进一步发展要求其具备更高的“智能”，这需要积极借助自然语言理解和信息检索领域的成果。例如，学习者有理由要求教学设计自动化系统能够帮助他们抽取文章中的概念以及概念之间的关系，生成一定的可视化图表，如概念图、思维导图等，并在人工校对后，生成可用的演示文稿，达成这一目标的核心技术包括信息抽取领域的实体抽取技术和关系抽取技术。

要实现真正的教学设计自动化不是一件容易的事情，它涉及十分繁杂的理论与技术问题，其中最重要的一点是如何设计智能指导系统。因为教学设计的具体内容和形式千变万化，学习者、学习内容、教学媒体以及教学策略等众多因素与变量交互作用，形成的是一个复杂的多维空间，绝非简单的因果性逻辑关系。而在教学设计活动中，含有大量个性化与创造性的人类劳动，带有不可计算性与不可预见性。教学设计过程本身就是一个发挥教学设计人员优势所在的过程，到目前为止，该过程是无法由机器完全代替的，因此，纯粹意义上的教学设计专家系统实际上是不存在的。

相比较来说，最具有发展前景的是教学设计 EPSS 系统。EPSS 目的在于用各种手段来提高设计者的绩效，仍然强调把创造性的工作由设计者来完成。该系统除了有指导或多种查询、输出功能外，还强调全方位地提高教学设计者的绩效。

三、Agent 技术在教育中的应用

Agent 是一个具有自治能力的实体，这个实体是一个由软件支持下的系统，一般以软件为多。这种软件能够在目标的驱动下采取社会交往、学习等行为对环境的变化做出主动的反应，完成特定任务。Agent 的特点主要包括自主性、进化性、协作性、通信性、移动性等方面。

目前的网络教育课程很大程度上是把传统的教育课程搬到了网上，原有的教育体系中优势的方面并没有被进一步继承和发扬，在网络教学中，教学方式往往比较单一，而教学内容对于学习者的针对性也差强人意，对于学习者的关心程度几乎为零。Agent 技术的引入，有望较好地解决这些存在的问题。Agent 应用在网络教学中以后，主要优点有以下几方面：

（一）网络教育的个别化

目前的网络教育中教育的个别化只是时空上的个别化，而教学方式和教学内容上没有发生根本变化。网络由于其自身的特点，个别化教育应是其重要的一个优点。但如果只是将课堂教学简单搬上网络，不但没有实现其个别化的特点，反而使传统课堂教学中的优点也被剥夺了。在 Agent 被应用以后，利用其智能性，可以针对每一个教学对象的水平、学习内容、学习中遇到的难点、学习的动机等一系列的特征，采取不同的教学方式，提供不同的教学资源，做到对每一个学习者的教学资源和过程都不尽相同。学习者的 Agent 成为每一个学

习者的“私人教师”。

（二）人性化的交互和教学方式

引入 Agent 后，教学系统和学习者的交互方式将发生根本的变革。基于 Agent 的网络课程的根本特点在于对学习者的极大“关怀”。在教学的过程中，学习者将感到与以往完全不同的教学气氛，计算机随时地“倾听”学习者的声音，并对教学过程进行调整。

（三）强大的自我进化功能

Agent 本身的进化功能在引入到教育中后，其潜力将得到最大程度的发挥。在对每一个学习者建立一个属于自己的 Agent 以后，整个 Agent 组处在不停的进化过程中，通过与学习者的交互，对学习者的了解日趋深入，使整个的 Agent 组越来越适合学习者。从某种意义上使资源的数量和资源的质量，使学习者的适应性得到有效提升。

（四）对网络资源的有效利用

Internet 的资源极大丰富，但是资源的存在方式却是一种无序的、杂乱的状态，只能算是一种信息或者数据，而学习者需要的是一种知识。要把这些信息和数据转换成为有用的知识点，是一个庞大而复杂的工作。因此，在目前的状况下，很多的学习者在利用网络资源的时候，是被“溺水”，而不是有效地利用了网络资源。在基于 Agent 的网络教学体系中，资源 Agent 将主动地为学习者完成这一过程，网络的信息和数据将变成学习者所需的知识。

（五）讨论协作学习智能化

传统的网络教学中，学习者的交流和协作者的交流是静态的，网络环境只是提供了一个交流的场所。而在基于 Agent 的网络教学系统中，讨论板块对讨论的问题有总结提炼，并能根据讨论的情况组织专题性的讨论，引导学习者做更深入的研究和探讨，发挥协作式学习的优越性。

（六）改善学习模式

改善学习模式，培养学习者的各种能力，有益于素质教育的开展。学习者可以提出自己的问题，或者根据已有的问题，在学习系统的协助下逐步求解，甚至可以对领域内的某一问题做深入的研究探讨。基于 Agent 的网络学习体系将面向学习者提供开放的环境、详尽的资源，而不是呆板的学习模式，学习者可以自主地选择学习的重点、学习的方式。在学习过程中，自身的问题逐步得到解决，同时在解决问题之中学习者的各种能力得到提高。

基于 Agent 的网络课程，其不足之处主要表现在实现方面需较高的技术要求和资金投入。但随着 Agent 软件方法可重用性的、可扩展性的提高，不同的课程中只要改变专业知识模块，整体的框架可重复利用，并加以扩展，相对于一次性课件，从长远角度看，投入并不高；同时在技术性上，目前已经有不少的商用系统投入使用，效果良好。在教育领域，United States Army War College 已完成人工智能课程的学习 Agent，并投入了使用。

四、智能答疑系统

智能答疑系统是将来自各地学习者的问题和教师的解答有机地组织起来存储至相应的答疑库中，通过自然语言的语意理解技术分析并自动地匹配学习者所提出的问题，自动地给予问题解答的系统。

理想的智能答疑系统应该允许学习者用各种方式提问，学习者提问后，系统马上能在答疑库、教育资源库、Internet 中查找相关匹配答案，如果学习者对给出的答案不满足，则转到专家答疑模块，自动发给相应教师解答，解答结果和问题将输入到答疑库中。要实现智能答疑系统的理想效果，需要研究如下内容和关键技术：

（一）标准化技术

只有遵循统一的标准，才能很好地实现学校与学校之间、传统学习的学生与远程学习的学生之间答疑信息的资源共享。问题和答案都是教育资源，应该符合有关的国家标准和规范。

（二）自然语义理解技术

目前的答疑系统，大部分还是以关键词查询为主，能否实现智能答疑，关键是能否更好地理解自然语言，尽管自然语义理解仍然是一门正在研究的尖端技术，但对于特定的课程，也应争取实现最大程度上的语义理解。

（三）数据统计和挖掘技术

系统采用数据挖掘技术，通过分析学生在课程学习过程中提出的问题，可以发现教师授课过程中的缺陷，教师可以借此调整授课方式和授课内容。同时，系统还可以通过分析学生的提问和浏览、查询行为，分析出学生个性化的学习特征并给出适当的建议。

（四）教育搜索引擎技术

答疑库要和教学资源库成为一个整体。在远程教学环境中，由于教学资源分布在整个 Internet 上，为了更加有效地进行信息搜集，需要有一个专用于教学资源搜集的搜索引擎。该搜索引擎首先要能自动寻找相关的教育研究站点，扩充搜索数据库，能够主动定期地向用户发送信息。

总之，设计与开发智能答疑系统，必须从问题的表示、解决问题的手段、答案的表示，以及对最常见的 Internet 使用方式的支持四个方面加以全面考虑。

五、在线教育

当前在线教育的模式大致可分为平台类、工具类、内容类、社交类及点评类等几种，其中，工具类占有相当一部分市场份额。诸如，“猿题库”“一起作业网”“悟空识字”和“学霸君”等在线教育企业都是工具类的，而百度和腾讯也算是技术驱动的工具类起家，有道词典也进军了在线教育领域，包括受争议的超级课程表等也是工具类的。

实际上，人工智能的兴起本来算是技术的革新性改变，人工智能技术最终通过工具来体现，其产品主要体现在机器人、APP 及相应的智能硬件上。人工智能产品要实现的是与人类的紧密贴合，甚至未来可以实现“思考即学习”的可能，因此连接人与知识的工具将不再是刚性需求。当然，也可以把诸如机器人等人工智能产品看成工具，而这类工具足以让人们脱离在线学习的方式进行学习。

机器人是人工智能综合技术的体现，从识别系统到专家系统、智能搜索、逻辑推理以及信息感应与辩证处理等各种系统都有嵌入，简单地说，就是试、听、触、感觉及思维方式的模拟。未来，人们只需要一个机器人或者一款智能头盔的客户端就可以完成所有的学习，这样一来，工具类的在线教育在未来就可能都会是可有可无的。因此，工具类在线教育的最终归宿还是做平台。

人工智能将进一步改变教学场景。现在人们把教学环境称为教学场景，当前的教学场景非常简单，在线教育也仅仅通过图像、视频及游戏等多媒体的方式来表现教学知识点。而在未来的人工智能教育时代，将会有全方位立体型的综合教学场景，答题可以表现在互动、搜索及综合体现等三个方面。

（一）互动

长期以来，教育领域都在研究授课行为中教师与学习者的互动，互动可以增加学习者的学习乐趣，容易提高学习质量。而人机交互被认为是人工智能领域重要的一部分，未来教育的互动不只是与教师互动，同时也可以与知识互动，每一个知识点都可以立体式展现，甚至可以从试、听、触等感觉中来影响人们的认知。

（二）搜索

搜索是人工智能重要的一部分，也是不可或缺的一部分。无论人工智能发展到什么阶段，搜索都是刚性需求。几乎可以肯定的是，将来的搜索方式会脱离打字搜索，语音搜索与识别技术正在高速发展，未来的搜索只需要说一句话或者一个词就可以展现出精确的结果。百度的小度机器人已经充分体现了这一点，无论是搜索速度还是反应能力，都已经做到了超前。这意味着，学习中只要有一个机器人或者语音引擎程序，学习者不用再费力去查找工具书，学习效率将会更高。其实，更智能的搜索在于未来的意识搜索，只要头脑中有想要搜索的对象，就可以找出结果，这是当前人工智能与可穿戴设备领域同时在探索的方向。

（三）综合体现

场景时代是当前人们比较期待的，各行业都在不断探讨消费场景及应用场景，在线教育产品也离不开场景应用。当前的多媒体教学仍旧还是投影仪及影音时代，通过幻灯片、视频及终端展示来体现知识点。在未来，通过人工智能技术，可以实现的不只是视觉上的，而是包含视觉、听觉、嗅觉、触觉等所有的感官体验的场景，让学习者对知识点有全方位的综合感知。因此，可以说，未来教育的一个方式会是“意识教育”。

六、学习分析技术

学习分析是教育技术领域内迅速发展的新热点，它是运用先进的分析方法和工具预测学习结果、诊断学习中发生的问题、优化学习效果的一类教学技术集合。随着教学资源越来越网络化，以及基于网络的学习方式的普及，能够获取的学习行为和学习结果数据也更加丰富。这就为学习分析技术的产生和应用奠定了物质基础。与此同时，网络学习的普及也为此提出了迫切的需求，使之进入人们的视野并迅速发展。

（一）信息技术教学

现如今网络发展快，技术提升快，知识更新快，数据复杂化，信息多样化，面对这种高速度、快速变化的发展节奏，对于这些海量的、多样的、复杂的信息和数据，学习分析技术的作用更加突显，尤其是在教育教学领域里，它能够系统地搜集大量与学习者有关的数据和信息，将这些搜集到的数据进行分析整理后，高效地运用在教育教学中，对教育质量和教学水平的提高起到至关重要的作用。

运用学习分析技术于信息技术课堂教学中，其课堂教学的实施过程，如图 3－1 所示。

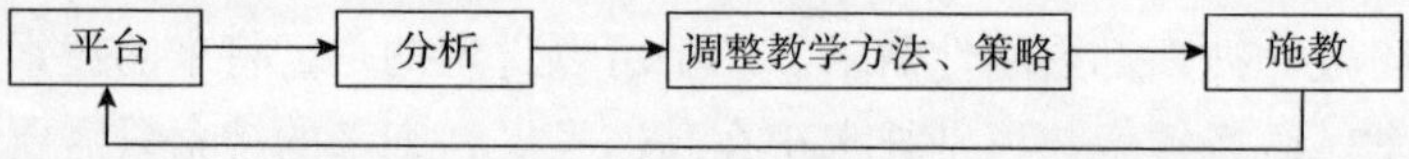

图 3－1　学习分析技术应用于信息技术课堂教学的实施过程

从图 3－1 可以看出，在信息技术课堂教学中，运用网络平台的各种功能（考勤、学习时间统计，学习的时间长度统计，学习的内容统计，分组、活动的形式记录，学习成绩统计，测验成绩统计等）收集教学中的数据，通过学习分析技术，调整教学方法和教学策略，并且应用于施教过程之中，优化教学过程，便于因材施教，完成教学任务，从而实现针对每个层次学习者不同需求的个性化教学。

（二）学习管理系统

在网络辅助教学平台环境下，运用学习分析技术实现信息技术个性化教学，是通过网络辅助教学平台对学生基本信息、个性特征的提取完成的。网络教育平台长期运行过程中，积累了大量的系统化、结构化的数据，可以利用学习分析技术充分挖掘这些数据并对其进行分析整理，反馈给教师用户，教师调整教学策略，为学习者的个性化学习提供建议。由此，搜集的大量数据将成为重要的教育教学资源。这样的数据可以提供可视化或者非可视化的相关指标。研究人员通过对这些指标的分析，可以发现学习者的学习状况，以此作为基础为使用者提供相关的建议项目。

澳大利亚卧龙岗大学（University of Wollongong）的研究人员则运用“社会网络适应性教学实践”应用软件 SNAPP（Social Networks Adapting Pedagogical Practice）进行数据分析。这种软件可以帮助教师直观了解学习者在论坛的发帖和回复情况，通过直观跟踪论坛交流内容，教师可以快速判断学习者的行为模式，覆盖课程进度的任何阶段。通过分析发帖者、回复对象、讨论话题以及话题范围，SNAPP 可以对数据加以分析并以社会网络图的形式呈现分析结果，进而对学业面临风险的学习者进行识别。

通过运用学习分析技术来提高学习者成绩的学校还有很多。像德雷塞尔大学（Drexel University）收集数据的方法是采用在线教学管理系统的“视野之星报告（Bista Star Report）”，进而对学习者的在线学习时间、登录次数、下载量等相关数据进行收集评估。北卡罗来纳州立大学（North Carolina State University）也是运用学习分析技术对学校已有的学生信息以及针对学习者进行问卷调查等形式获得的数据进行统计分析后，预测学习者在第一学期的学习成绩。

值得一提的是，国内由浙江温岭市一名信息技术教师开发的一款信息技术教学辅助平台——ITtools3.0。这一信息技术教学辅助平台已经被我国多所学校使用。针对现在机房对机器的特殊保护，不允许学生对计算机进行改写，每当学生对计算机进行相关学习任务的操作后，再重新启动计算机，以前的学习记录就会消失，信息技术教学辅助平台的展示模块解决了这一令人无奈的问题。该模块可以对教师和学生的所有操作进行记录，其强大的查询和展示功能对于学习者来说，不仅可以随时查阅自己的学习成果，而且还可以查询其他学习者发布的学习作品，这样大大提高了学习者自主学习的能力；对于教师来说，针对该平台对记录数据分析的结果，可以及时调整自己的教学方式和方法，从而提高教学效果。

当学习者通过身份确认登录到系统后，系统的信息收集模块开始收集学生请求，跟踪学生的行为，将产生的学习者数据（学生的基本信息、个性特征信息、学习过程信息、学习表现信息、学习状态信息）通过预处理存入用户数据库，然后学习分析模块通过整理统计、关联分析和信息挖掘，挖掘学习者个性数据，产生用户个性化数据，并把结果送往个性分析处理调度中心。调度中心根据学习者个性化信息给教师发送数据，教师调整教学策略，为学习者的个性化学习提供建议，调度中心根据学习者的个性化数据及教师的个性化学习建议为学习者提供有针对性的个性化服务。

在此教学模式环境下，学习者用户登录到教学平台后的界面将是个性化的学习界面：个人信息、出勤情况、作业完成及批改情况、测验情况（成绩记录、测验错题记录）、分组情况、答疑情况、互助信息、教师评价等都是针对学习者个人特点的。

第三节　智能教学系统

一、智能教学系统的结构框架

智能教学系统要求能够提供个别化的、因人而异的有效教学。要做到这一点，智能教学系统（Intelligent Tutoring System，ITS）必须做到懂知识、懂学生、懂如何教。也就是说，ITS 必须具备并懂得所要教的知识、了解并记住学生的知识状况和反应、掌握与学生交互交流的方法。所以，任何人工智能教学系统都可人为地被划分为以下模块：知识库、专家模块、学生模块、教师模块和人机接口模块。

（一）知识库

知识库的概念来自两个不同的领域，一个是人工智能及其分支——知识工程领域，另一个是传统的数据库领域。人工智能和数据库两项计算机技术有机结合，促成了知识库系统的产生和发展。知识库有两种含义：一种是指专家系统设计所应用的规则集合，包含规则所联系的事实及数据，它们的全体构成知识库。这种知识库是与具体的专家系统有关，不存在知识库的共享问题。另一种是指具有咨询性质的知识库，这种知识库是共享的，不是一家所独有的。随着数据库理论的深入研究，为了克服数据库模型在表达能力方面的不足并且加强语义知识成分，使数据库具有推理能力，科学家们已经提出了许多比原有基础更高的抽象层次的概念模型。另一方面，人工智能都存在着一个以知识来描述并且完成智力行为的能力问题，即如何建立知识库。在这样的前提下，将数据库系统和人工智能的研究，形式语言、自然语言处理方面的研究，汇聚到一起就是知识库系统的研究、开发与应用。

（二）专家模块

专家模块为 ITS 提供教学领域的专业知识和教学过程中需要用到的推理机制。ITS 中的专家模块常常需要处理不确定和不完全的信息。理想情况下，系统中的专家模块应该具备问题解答的能力，对于系统生成的问题和学生提出的问题能够通过自动推理生成正确的解答，并将答案反馈给学生，或者跟学生给出的解答相比较，最后根据比较的结果更新系统的学生模型。

（三）学生模块

学生知识状态的模型，涉及“谁在学”的问题。学生模型描述学生对教学内容理解、掌握的程度，ITS 可以根据学生模型的具体情况调整教学策略并提供适当的反馈。随着云平台数据存储技术的不断完善，学习数据的大规模存储日益便捷，学习者分析模型的类型也不断增加，常见的学生模型有以下三种：覆盖模型、微分模型和偏差模型。

当前国内外对于学生模型的研究主要集中在以下几方面：①从完整性的视角归纳：一个完整的学习者模型必须包含学习者领域知识、偏好、主要目标、兴趣、学习进展等信息。对特定内容的偏好、呈现模式偏好、用户历史、先前知识、知识状态、媒体类型偏好以及学习风格是构成个人特征必不可少的要素。学生模型要既包含学习者过去与学习相关的所有要素、课程学习中的进步状态、学习类型等，又允许储存有助于提供个性化学习途径的相关知识的学习者模型才能被称为理想模型。②从超媒体的视角归纳：学习者的个性特征为用户知识、兴趣、目标和任务、背景、个人特质。从慕课平台已有的数据出发，可以将学习要素分为学习者、内容、处所、时间、结果五类。③从个体差异的视角归纳：学习者特征包括学习目标、学习风格，用户的前提知识或背景知识，用户的知识状态、学习经历、信心、动机等。而认知风格、性别、工作记忆、知识和焦虑对基于 web 的学习有显著影响。

（四）教师模块

教师用户模块主要包括问答列表和等待回答两个子功能模块。回答列表中，教师登录系统，然后在等待回答页面查看学生提交待回答的问题。等待回答中，以教师的身份登录界面，连接到数据库的待回答表，并将读取到的未被回答的问题反馈到前台。之后需要教师根据待回答的问题输入准确的答案，随后提交答案，实现系统更新答案的命令。答疑系统在收到教师提交的答案更新后，将更新后的问题与对应答案一同存储进入数据库，并跳转回问答列表页面。

（五）人机接口模块

接口又称为界面，它能够使系统与用户进行对话，负责智能教学系统与用户的交流通讯，使用户能够输入必要的数据、提出问题和了解推理过程及推理结果等。人机接口模块的作用是处理学生与系统间的信息交流，具体地说，人机接口模块要完成两项任务，一项是在教学模块做出教学决策后，人机接口模块要以一定的形式把教学内容发送出去；另一项是建立学生输入信息的方式，接收学生输入的信息。对于一个教学系统，界面的设计不但影响系统的可操作性，更重要的是输入、输出方式能极大地影响发送题目的可理解程度，就像不同的教师在讲授同样的内容时会产生不同的教学效果一样。在界面的设计中，有两个非常重要的方向，一是多媒体技术，它不但能使界面的设计多样化，促进知识的接收，而且可以改变传媒方式，使教学设计也随之变化；另一个方向是自然语言接口，如果这一问题得到突破，会大大加宽人机通道，对智能化教学系统的发展起到极大的促进作用。

二、智能教学系统的技术支撑

（一）Web 技术

Web 技术已成为智能教学系统不可缺少的技术。目前，将技术应用于智能教学系统，国内外已有大量研究。集中体现在以下方面：一是基于智能教学系统知识模型的构造方法。文献研究了基于智能教学系统中知识模型的构建，包括知识点的划分、知识网络模型的构造，并探讨了在知识模型上如何实现教学控制的策略。二是基于智能教学系统形式化模型。由用户环境和教学环境组成。用户环境的目标是引导智能教学系统采取最适合用户的教学内容和教学策略，教学环境根据用户环境所提供的信息来动态生成个性化的教学页面序列，以达到以最优化的教学资源和策略来取得最好的教学效果的最终目标模型。三是基于 Web 的智能教学系统模型的板块构建及其特点。以认知科学为理论基础，综合利用人工智能技术、教育心理学、计算机科学等多门学科的成果而形成一种对学生实施有效教学的技术。四是将动态服务器页面技术融入 Web 中。教学系统的文件结构有实现教学管理的动态服务器页面文档和超文本标记语言文档，在教学系统中，教学知识以超文本文件形式存放，供学生学习、查询。其基于的智能教学系统是系统的发展方向。

（二）智能代理技术

智能代理可以看作是利用传感器感知环境，并使用效应器作用于环境的任何实体。广义的智能代理包括人类、物理世界中的移动机器人和信息世界中的软件机器人。而狭义的智能代理则专指信息世界中的软件机器人，它是代表用户或其他程序，以主动服务的方式完成一组操作的机动计算实体，主动服务包括主动适应性和主动代理。一般智能代理有以下几个特征：代理性、智能性、机动性和个性化。代理性主要是指智能代理的自主与协调工作能力，表现为智能代理从事行为的自动化程度，即操作行为可以离开人或代理程序的干预。智能性是指代理的推理和学习能力，它描述了智能代理接受用户目标指令并代表用户完成任务的能力，帮助用户在一定程度上克服信息内容的语言障碍，捕捉用户的偏好和兴趣。机动性是指智能代理在网络之间的迁移能力，操作任务和处理能从一台计算机运行到另一台计算机上。另外，智能代理拥有个性化，通过个性化的植染和个性化的设置，用户就会在浏览学习资料的过程中，逐步提高求知欲。如果将智能代理技术应用到智能教学系统中，就可以为全球用户提供一个不受时空限制的数字课堂。

（三）人工智能与数据挖掘技术

智能包括人类智能和计算机智能（即机器智能），使用人工智能可以将人类智能转化为计算机智能；使用计算机辅助教学或计算机智能化教学可以将计算机智能转化为人类智能。随着人工智能技术的日渐成熟，它的一些研究成果被陆续应用到教学领域，人工智能在教学系统的重要性也已形成共识，把人工智能技术应用在计算机教育之中，才能真正做到因材施教，推进教育发展改革和教学现代化进程。

数据挖掘也可称为数据库中的知识发现，是对巨大的数据集进行寻找和分析的计算机辅助处理过程，在这一过程中发现先前未曾发现的模式，然后从这些数据中发掘某些内涵信息，包括描述过去和预测未来趋势的信息。利用数据挖掘中的主成分分析、聚类分析可以对学生的成绩资料或者其他信息进行一系列描述性数据挖掘，分析确定学生的能力分类，把学生按某种能力属性分成若干小组再根据各门课程的特点分析每类学生的能力倾向，据此对每类学生提供科学的专业学习指导。

（四）自然语言处理技术

自然语言处理主要包括两个方面：其一，自然语言理解，自然语言理解是指对自然语言的内容和意图的深层把握。其二，自然语言生成，自然语言生成是指从非自然语言输入到自然语言输出的处理。现阶段的自然语言处理主要集中于四大方向：语言学方向、数据处理方向、认知科学方向以及语言工程方向。随着自然语言处理的蓬勃发展和深入研究，新的应用方向也在不断生成，如文本方面、语音方面等。

第四章

人工智能教育的要素和活动

第一节　人工智能教育要素

人工智能给社会带来全面的影响，社会的各个领域都逐渐将人工智能融入自身的领域系统内，教育也不例外。人工智能时代的来临，给高校教育注入了新的活力，影响着教育要素的发展与变革。下面将从教育内容、教育目的、教师、学生四个层面具体分析人工智能给教育发展带来的影响以及其对教育变革的实际价值与现实意义。

一、人工智能影响下的教育内容

就教育的内容而言，当前人类正处于一个知识爆炸的时代，知识更新的速度远远超过人类学习的脚步，也就是说，如果我们以当前的社会需求去教授学生知识，那么很有可能当学生步入社会之后，其在学校学习的内容将会被淘汰。知识因不断更新加速，不再以固定的姿态出现在人类生活中，这就要求学校的教学不应该仅仅关注知识本身，还要关注人类知识的长久更新，能够紧跟时代步伐。“什么知识最有价值”的问题就成了新时期教育发展所不可避免要关注、探讨和解答的问题。就目前来说，人工智能无疑成为这个问题最有力的解决方式。因此，教育的内容就需要在人工智能的协助下，为学生提供那些经过筛选、加工和创造的具有学科发展价值并能推动学生长远发展的知识。

在人工智能时代，教学内容突破了传统的课程和教材，云课程、数字教材、虚拟课堂和同步互动课堂等也不再是传统教辅意义上的教学资源，而已经成为教学内容的一个非常重要的组成部分。尤其是基础教育专业，人工智能已经成为重要的课程内容。因而，课程和教材就应该依据教学目标，回归基础要求，在剔除陈旧的经验性的知识和凌乱的碎片性知识的同时，着重阐明学科的基本概念、基本结构和基本方法，从而构建全面深入的知识体系。除此之外，适应未来不断变化和时刻面对不确定性的学习型、创造型人才是未来社会中最需要的人才。因此，在日常教学活动中更要注重学生方法论的学习，达到“授人以鱼不如授人以渔”的教育目标。力图打破传统的统一教材，以教会学生学会自己学习、自我创造为发展要求。总而言之，要根据学生的天赋、潜能、个性和兴趣来设计个性化的教学内容，未来的教学内容势必会向着去标准化、个性化和定制化的方向发展。

在人工智能影响下，随着各学科之间交流日益频繁，教育内容逐渐走向了跨学科化。其根本目的在于帮助学生带着跨学科的意识进行学习，最终通过学科间的融合学习来解决现实生活中的实际问题，最终培养出能适应时代发展的创新型实践人才。在这样的时代中，知识与信息处于急剧增长的发展态势，更新速度十分迅速且很容易过时，如果教学的内容还局限于以掌握尽可能多的学科事实为目的，不仅不可能实现教育的目的，而且对于学生的学习和发展也毫无裨益。现存的分科教学的方式将人类知识分为相互割裂与独立的碎片，这样碎片化的知识虽然有利于学生的记忆与储存，但却阻碍了学生主动探索和了解事实背后真相的兴趣，这很不利于知识的活学活用。同时，我们要注意到，即使对学科进行了分科，但按照现在的分科科学来讲，其基础教育内容涉及很多领域的知识。例如，同样看到一栋大楼，不同专业的人的认识和看法不同。这样的事实既可能是一个物理现象，又可能同时是一个数学问题，还可能是一个社会问题。因此，学生的探究活动就应该是整合的，所接受的教育内容也应该向跨学科的方向发展。未来，无论是科学家，还是教育家、企业家或政府官员，要成为社会和人类需要的人才与领袖，就需要掌握跨界的智慧。所有领域未来都是跨学科和联合发展的，全部是可以互通互学的，然而这互通互学的语言就是人工智能。因此，人工智能的教育内容就要求向着整合的方向发展，同时通过人工智能所创造的智慧环境、智能工具使跨学科融合学习的活动变得更加便捷快速。但我们在此过程中也要考虑到，跨学科的基础教育内容并非是多个学科的简单叠加，而是要将一个主题活动融合成一个整体，让学生在探究活动中得到知识的升华。跨学科基础教育内容的本质是一种思维和意识，将基础教育学科与其他学科和生活连接起来，从而构建一种相互促进相互沟通的新结构。帮助学生充分理解学科逻辑，在不同学科之间建立互助联系，最终在跨学科意识的推动下提高学生的创新能力。

师生共同创生的教育是人工智能发展下教育内容的一大重要变革。教学内容的创生取向和人工智能时代的特点要求在教学过程中要尽可能摆脱既定知识的限定，将教学变为一个共同创造的过程。新时代信息的高速流动，高频词的互动性使得教育知识的传播的平衡得到了新的突破，原先的教师教学生学的传统被打破，相对削弱了教育者的权威。教师作为知识的传授者的角色便显得越来越狭隘和不合时宜，取而代之的将是教师作为学生学习的组织者、引导者和合作者的角色。人工智能时代，不论教师或学生，每个人都应该成为知识的创造者和分享者。未来，师生、生生在共同合作、互助的探索中生成的问题将成为学校教育内容的重点。新时代的教育内容和教学内容的变革首先应该体现创生性，即需要不同于统一标准化教学的实践性与地方性，让教育的内容接地气，接近真实的学习。教育内容对教师和学生来说是一种实践的过程，强调在学习过程中的实践体验，在这种行为的实践过程中实现知识的创造。传统的教学模式下，教师是实现教学目标的工具，作为知识和态度传输、授受的工具；而学生也只是这些教育内容的被动接受者。人工智能的引入，使得教师和学生都成为课程的实践者，成为自身课程的创造者和建构者。教师和学生自身的经验、创意和探索得以通过新技术而放大，变为共同创造的课程的一部分，使教师和学生每个个体的自身参与课程的过程和经历本身成为课程。大数据的引入，能够改变师生生成意义的方式和师生创生文化的方式，使得教师和学生可以有效地认识与评价、关联与组合，甚至是发现与创生新知识。诸如此类的改变也终将使每个学生都成为自己学习的主体，使每个学生经历、实践着自己的课程，又共创、共享着学习过程。

二、人工智能影响下的教育目标

当前，相较于其他学科，在基础教育专业中开设人工智能课程，对地区的经济发展水平、学校的硬件设备、学生的起始知识与能力的要求更高。对于西部部分欠发达地区来说，开设人工智能课程的条件可能尚不完善；但即使是在发达地区，想要开展高质量的人工智能教育也需要克服许多困难，因为如果学生刚刚开始接触人工智能，那在教育过程中就很难进入人工智能的开发与创新层面。很显然，一个地区的经济发展状况对于一个学校的硬件设备、学生起始水平的限制都有着极大的影响，因而，各地各校甚至是每个学生在人工智能教育中所要达到的目标应该是不同的，这就形成了我国基础教育阶段人工智能教育目标的分层体系。而每个地区、每个学校、每个学生在开展人工智能教育时，不应盲目地追求相同的目标，而应“对号入座”，找准自身在分层目标体系中的位置，有区别地发展，直到最大的发展。我们可将基础教育专业的人工智能下的教育目标分为以下几个层面。

首先是初级水平，主要目标应定位于经验。这是针对经济水平、硬件设备、起始知识和能力都不具备的学校学生来说的。开设人工智能课程，最主要的目的在于让他们了解社会科学技术发展的前沿知识，并在知识了解的过程中对社会的变化有所经历，不再是“不知有汉，无论魏晋”。因此，具体来说，这一层次的教育目标是：通过了解有关人工智能的基本概念、不同类型知识的不同表达、专家系统的基本结构、解释机制和解决问题的基本思路、人工智能语言的大致情况以及信息的搜索等方面的知识，体验人工智能对于学习者本身、学科学习以及社会三方面的作用。第一，人工智能的本质含义是要让机器学会像人一样思考。第二，求解一道新的题目，作为新手可能会束手无策，而对于一个从事教学工作多年的专业教师来说，可能很快就会在头脑中产生解题的基本思路。第三，如果机器也能思考，会不会出现某些影视片中所描绘的诸如人类最终成为机器人的奴隶之类的情况？机器是为人服务还是最终变成人为机器服务？面对诸如记忆力等方面机器优于人类的情况，我们应该怎么看待？应该做些什么？未来的生活是怎样的？……对于这些问题的思考，学生一方面可感受人工智能技术对人类学习、生活的重要作用，体验人工智能技术的丰富魅力，增强对信息技术发展前景的向往和对未来生活的追求。

其次是中等水平即指体验与技能并重。对于具有中等水平的经济状况、硬件设备、起始知识和能力的学生，则应提高到体验层面，并且是一种基于其技能发展的体验，这也是人工智能课程的独特性所在。对于这一层次的人工智能教育来说，现实条件限制了它不可能指向开发与创新。换句话说，如果无视现实条件，一味地追求人工智能的开发与创新，只会让学生体验“捉襟见肘”的失败感。但如果能够将人工智能教育过程中所学到的技能、方法、策略等运用到其他学科的学习或问题的解决中，则对学生来说是受益颇丰。对于知识与技能的追求，这一层次的目标不能仅仅限于对某一概念的定义层面的理解，而是要求学会知识表达的基本方法；了解一种人工智能语言的基本数据结构和程序结构，会使用一种人工智能语言解决简单问题，并能够上机调试、执行相应的程序。通过实例分析，知道专家系统正向、反向推理的基本原理；会描述一种常用的不精确推理的基本过程；了解用盲目搜索技术进行状态空间搜索的基本过程。

最后是高级水平状态，即指向开发创新的教育目标新课标中要求针对有特长的学生进行有针对性的教学。对于一些基础较好、能力较强的学生，如果学校的硬件设备有许可，可以进行因材施教，逐步导入开发与创新工作。这一阶段的教育目标不仅仅限于对书本知识的了解和掌握，而更多的是以此为基点，以新观念、新视角对原有知识进行改造和创新，并将它们付诸实践。我们要清楚地认识到：现实条件越好，人工智能课程的特色也应越强，技术的分量也应越重，开发与创新的味道也应越重，体验所涉及的层面也应越深。

三、人工智能影响下的教师

人工智能环境给教师的工作带来前所未有的挑战，这种挑战不是经验的传授，而是经验的建构。首先，对经验内容进行审视。人类的经验世界不同于生理组织，大脑内部经验活动的内容无法使用设备直接探测。因此，人类的行为数据在分析和洞察学习者方面依旧具有无可撼动的地位。在学校教育范畴内，从实践层面上讲，技术对教育的影响只有通过个体水平的改变才能提升整个群体的水平。所以，“广积粮”是当前大数据的特点，不仅数据价值密度低，还面临隐私侵犯的风险；“深挖洞”则是未来大数据的特点，表现为数据来源的选择性和典型性以及数据维度的丰富性和追踪的长期性。由于学习者的经验内容彼此均不完全相同甚至差异极大，对未来的教师而言，对学习者的真正理解和有效教导将在个体层次上深入开展，朝向真正的“个性化”教育。其次，对经验原理进行合理建构。不论是人脑还是通用人工智能系统的记忆中，既不存在绝对保真的知识，也没有一成不变的真理，有的只是在开放环境下随时接受挑战的经验。事实上，智能主体经验空间的可塑性，决定了主体接受教育的必然性和必要性。在细节上，经验具有陈述和主观判断两个维度。其中，知识描述可以成为经验的陈述，主观判断由证据累积的“正确率”和“可信度”共同表征。尽管可信度通常随支撑该信念的正面证据的增加而提升，但是也有对少数证据进行泛化强化导致正确率不高但可信度极高的“似懂非懂”的情况。因而，未来，教师需要借助知识空间、内隐测量、无意识测验等技术探查学生经验背后的真实主观判断。

四、人工智能影响下的学生

人工智能给学校的学生带来更丰富多样的网络资源以及日益成熟的人工智能技术，正是在这样越来越快速、便捷的技术支撑下，学生可以进行适应性、个性化的学习，而不仅仅被局限于正规学校里发生、进行的传统学习。首先，借助“网脑”搜索所需要的任何领域的知识。维基百科、百度百科等网上知识库的内容几乎可以说是无所不包，并且准确性、正确性和及时性越来越高，其可以提供与任何基础教育专业有关的资料。其次，借助机器翻译系统阅读和学习外文资料。随着我国国际化程度的进一步提高，经济、社会、教育、文化、体育等各个领域的国际交流日益广泛，需要我们阅读一定的外文资料。当前网上多种语言翻译系统的翻译效果越来越好，可以帮助我们翻译单词、句子和篇章，并提供词汇解释和例句、合成语音等辅助学习功能。即使没有学过某种外语，我们也可以了解该语种资料的大致含义，打破了时空的限制。再次，借助语言技术学习外语。比如，使用“批改网”等系统提交英语作文，在得到系统即时反馈后多次修改拼写、语法和修辞等错误直到满意为止，借助“英语流利说”“英语模仿秀”等系统学习英语发音。再次，借助智能机器人学习编程，培养计算思维和创造性思维。各具特色的智能机器人系统为学习者提供了与硬件配套的可视化、模块化编程环境，如 Scratch 等。这便于我们学习控制机器人的传感器和行动装置，学习顺序、分支、循环等程序结构和并发计算，并在此基础上发挥我们的想象力和创造力，设计、搭建、开发出富有创意的作品。再次，借助智能教学系统进行某个学科的深入学习。比如在数学方面，可以借助“数学盒子”“洋葱数学”等智能学习平台，找到与本人知识阶段相应的内容，或者借助平台的自动推荐功能，深入学习代数、几何等某个领域的知识，通过平台的自测功能看到自己的进步与不足，甚至是具体形象的学科画像，然后继续学习系统推荐的微课，或是阅读材料等内容，或者参与系统推荐的练习，直到自己牢固掌握这些知识为止。最后，用适合自己的学习风格进行学习。学习风格作为影响学生学习的一种个性化要素，受到教育研究者广泛关注。不同学习风格的学习者，会对一定的学习媒体产生不同的偏好。智能教学系统会根据学生在学习过程中所分析得出的数据以及通过调查反馈的结果，确定学习者的学习风格，并据此向学习者推荐合适的学习媒体、方法与路径。

总之，为学生创造出一个处处都可以借助人工智能技术的学习环境，最终形成一个和谐的人机交互融合的学生生态环境。我们可以如此期许，在不久的未来，人工智能技术可以创造出更加个性化、适应性、服务于终身学习的智能普适学习环境。在这个环境中，任何人，不管想学什么，在什么地方，都可以学习；学习可以是个性化的，智能教学系统就像教师一样在旁边辅导；学习也可以是社会化的，就像在传统教室里一样，有竞争也有协作。

第二节　人工智能主体

一、教师：积极探索人工智能助推教师队伍建设的新路径

（一）人工智能助推教师队伍建设的三大缘由

一是因为教师是推动智能教育实施的关键要素，没有教师观念的转变，能力发展就很难实现传统教育向智能教育的跨越。我国发展智能教育的战略，旨

在利用智能技术加快推动人才培养模式、教学方法改革，构建包含智能学习、交互式学习的新型教育体系。开展教学、管理、资源建设等全流程应用，开发在线学习教育平台和智能教育助理，最终建立以学习者为中心的教育环境，提供精准推送的教育服务，实现日常教育和终身教育定制化。二是兴国必先强师，面对新形势下我国踏上的新征程和背负的新使命，教师队伍建设还不能完全适应，因此亟须革新教师培训方式，推动信息技术与教师培训的有机融合，实行线上线下相结合的混合式研修，提高教师队伍建设的层次和质量。三是为了响应教育部启动的教育信息化 2.0 行动计划，该计划将大力提升教师信息素养放在重要位置，启动了“人工智能 + 教师队伍建设”的行动，旨在推进人工智能创新教师治理、教师教育、教育教学、精准扶贫的新路径，推动教师更新观念、重塑角色、提升素养、增强能力。综上所述，实现教师队伍建设与人工智能的融合，实施人工智能助推教师队伍建设的行动迫在眉睫。

（二）人工智能助推教师队伍建设的五大应用

人工智能助推教师队伍建设当下主要应用在教师智能助手应用行动、未来教师培训创新行动、智能教育素养提升行动、智能帮扶贫困地区教师行动和教师大数据建设与应用行动。教师智能助手作用在于可以提高教师工作效率，能够与教师合作制定教案，批改作业和与学生互动，降低了教师的工作强度，提高了工作效能，有利于其进行创造性的教育教学活动。未来教师培养创新行动需要联合不同高校创办新一代信息化教师实验班，从人才培养的源头上入手，打造一支专业化的人工智能教师队伍，在培养方案和课程设置上充分安排人工智能的内容，探索培养具备运用人工智能等新技术能力的新教师。智能教育素养提升行动在于帮助教师学习应用人工智能技术，以改进教育教学能力，再从中选出一批信息化管理能力较强的优秀校长、信息技术应用能力较强的骨干教师，作为其他各地参观学习的标杆。教师大数据建设与应用行动可以通过收集教师在教学、管理和科研等方面的信息实现，建立教师信息数据库，并将其与教师网络研修平台等系统对接，根据教师平时的教育教学特点有针对性地推动研修资源，不仅有利于教师的特色化发展，还优化了教师管理流程。

（三）保证人工智能助推教师队伍建设顺利推进的四大举措

为保证人工智能助推教师队伍建设的顺利实现，纵向来说，各级教育行政部门要上下联动，教育部的重点在于组织制定宏观政策和实施的标准与规范，并对各地加强工作指导，地方各级教育行政部门要进一步健全工作领导体制，为实现该任务提供体制与机制的保证。另外，横向来说，各教育部门要做好协调与配合工作，汇聚工作合力，提高办事效率。一是担任好组织引导的角色，教育部将切实做好试点工作的统筹规划，在全国范围内选出基础好的市县建立实验区和实验校，遴选基础好的高校建立实验基地，引进信息化和人工智能等领域企业或专业机构，参与技术创新、产品开发、平台资源建设，强化外部资源整合。二是强化经费保障，除了教育部出资之外，还要多渠道多方式筹集资金，地方政府要加大对教育财政的投入力度，鼓励本地优秀企业家投资人工智能产业。三是加强专家指导，教育部将在相关企业、高校和科研机构遴选出人工智能教育教学、人工智能管理和人工智能研发等相关领域的专家，成立负责方案研制、指导与监控的专家组。四是做好督查落实，针对试点区域成果的检测，教育部将采取专项督查和第三方评估等方式，对工作进行检查评估和验收，发挥好"督导评估、检查验收、质量监测"的职能。

二、学生：实践素质教育以培养全面发展的学生为目标

（一）人工智能时代需重点培养学生五种高阶认知能力

在机器能够思考的时代，教育应着重培养学生的五种高阶认知能力，即自主学习能力、提出问题的能力、人际交往的能力、创新思维的能力及筹划未来的能力。人工智能时代知识的获取、知识和能力的培养以及教学的模式都发生了突破性的变革，知识不再具备封闭性，互联网技术让知识实现了共享，人人都可以通过互联网获取海量的知识，知识不再单一地由教师传授，帮助学生寻找获取知识的途径，培养筛选知识的能力变得至关重要。同时教学模式也出现了颠覆性的变化，教学的主体从教师变成了学生，教师不再是教学过程中的唯一中心，通过教师智能助手的应用可以有效提高教学的效率，还可以通过跟踪学生的学习过程，发现学习的难点和重点，再针对性地提出解决方案，真正实现因材施教与特色化教学。同时调动学生的主观能动性成为教学的重点，培养学生制定学习计划，安排学习内容、检测学习进度和组织小组合作学习等学习能力也成为教育教学的新目标。综上所述，在人工智能时代，如记忆、复述、再现等低阶认知技能的重要性会下降，而高阶认知能力的重要性会更加凸显，因此在教育教学目标的制定，教学模式的变革和教育结果的评价上都要体现高阶认知能力的要素。

（二）人工智能时代需重点培养大学生四大素养

随着人工智能的快速发展，大学生将首先面临巨大挑战，人工智能作为影响社会方方面面的颠覆性技术，会对大学生的生活与学习产生重大影响，大学生在家庭生活、外出旅游、朋友社交等社会活动和学校生活等学习活动中都将体验到人工智能的环境与产品设计。因此，为加深学生对人工智能的了解，提

高对人工智能的应用能力，重点需培养学生的终身学习素养、计算思维素养、设计思维素养和交互思维素养。终身学习素养，主要基于人工智能时代需要更强大和持续的学习力，人工智能技术的演变是无穷无尽的，想要跟上时代变化的步伐就要改变过去“前半生学习，后半生工作”的旧观念，树立终身学习的理念，推动学习型社会的建立；计算思维素养，主要基于学习和理解人工智能，与人类相比人工智能的工作运转思维模式主要呈现高度逻辑化和精细化的特点，而熟练运用人工智能的首要原则是要了解熟悉其工作模式，因此培养学生的计算思维显得至关重要；设计思维素养，主要基于人工智能时代学生执行困难任务时需要创新传统路径，优化相关要素，改变组合路径以达到产品的理想状态，因此，需要培养学生的设计素养，引导学生学会抉择、学会组合、学会判断；交互思维素养，主要基于人工智能时代学生交往方式的变化，由于网络交流比重的日益加强，人际交往的节奏变得更快，人际交往的圈子变得更大，因此，培养学生的移情能力、共享能力、协商能力和媒体素养占据了举足轻重的地位。

（三）人工智能时代需重点培养三种学习方式

人工智能将教学变为大数据分析以及人工智能辅助的以学生为中心的个性化学习，为每个学生提供个性化、定制化的学习内容、方法，从而激发学生深层次的学习欲望。人工智能时代学生成为知识获取的主导者，成为学习过程的主体，提高学习效率和质量的关键在于学生自我学习能力的挖掘，而且人工智能技术的开发对学习任务提出了更高的要求，学生不仅要学习知识还要学会与机器互动。北京景山学校计算机教师吴俊杰认为，按照现代学习理论，根据学习中智能匹配的不同方式，可以分为基于问题的学习、基于项目的学习和基于产品的学习三种形式。基于问题的学习，主要适用于学校课程，它倾向于通过学习知识解决问题，是学习的最低层次。基于项目的学习产生的是一个方案，这种学习形式更加贴近生活，学习的环境也不限制在学校范围内，而需要学生组织一定的社会调研和观察。基于产品的学习具备较为完整的程序，从问题的挖掘、问题的提炼、产品的设计到产品的实施等环节都需要学生的亲自参与，还有可能将产品转化成全人类的共同财富，是最高阶段的学习层次。

三、学校：开展智能校园建设，促进教育信息化

（一）人工智能加速推动数字化校园建设

随着人工智能技术的不断推进，智慧校园的建设将进一步完备，信息化技术将充满校园的所有角落。教育教学环境产生了颠覆性的变革，教室里除了黑

板之外，四面墙壁都带有智能显示屏，每个位置的学生都能与教室实现实时互动，投影仪等多媒体技术在教学中的应用也将更加完善。学生的课桌也将实现升级，课桌与黑板实现联合，学生可以在不离开自己位置的前提下让教师接收到个人的信息，教师也可以通过总控制台随时检测与指导学生的学习过程。学校中图书馆、体育馆和实验室等机构也需要重构，以个性化、便捷化、复合化的理念设计，让每个学生都能获得合适的平台和指导。未来的智慧校园将呈现出这样一幅图景：

当学生踏进校园就可以完成签到，离开校园自动告知家人，进入教室多媒体设备已经开启，身体不适发出报警求助，上课没有注意听讲将收到友情提醒，练习测验后生成学情分析报告……

这些场景的实现也标志着校园物理环境、教室教学环境、网络学习环境已经充分融合，实现了从环境的数据化到数据的环境化、从教学的数据化到数据的教学化、从人格的数据化到数据的人格化转变。

（二）人工智能打造充满温度的校园环境

随着经济水平的不断提高和对教育经费投入的加大，部分地区校园的校舍、实验楼、体育馆和操场等设施的建设呈现出同质化的现状，难以体现不同地区、不同风土人情、不同级别和不同类型学校的特色，而且建筑内部也缺乏人性化的设计，只是一味重视数量和规模的扩大，难以体现对学生的人文关怀。有温度的学校在办学理念的制定上，就应该根据该校的定位、管理者的风格和学生的特点加以制定；在学风的建设上，鼓励各个班集体制定班规班风，班干部带头做好榜样；在学习过程中，要充分体现人性化和智能化，对于学习进度较慢的同学要针对性地因材施教，对于需要接受特殊教育的学生，人工智能技术可以分析其智力和学习能力，充分开发适合其学习的课程，为其配备专门的人工智能教师助手，提高其学习的积极性。同时，还可以充分利用人工智能技术为学生提供虚拟学习环境，让学生可以体验身临其境的学习环境，在虚拟情境中锻炼其在线获取信息、发现问题和以人工智能算法为基础提出解决问题方案的能力，还可以利用智能教学系统匹配适合学习者情感状态的最佳形式，促进学习者情感状态的转变，保证学习过程中学生深度投入。

（三）人工智能优化教育管理能力

与人工智能管理模式相比，传统的教育管理模式具有效率低和精细化不强的弊端，教师没有精力和时间及时、全面地掌握学生的个人信息和学习记录，对学生成绩的分析和个性化学习方案的制定等过程带来了不便，然而基于大数据的学生管理系统的建立可以及时接收学生的学习数据，并搜集从大一到大四全过程的学习数据，再根据学生的年级和学习成绩等各类信息制定反馈，解释和预测学生的学习表现，有利于教师了解学生的学习状态，调整教学策略和学习目标，达到提高教育质量的目的。对于学校管理者来说，人工智能技术能够构建全方位复合型管理形态，创新信息时代教育治理新模式，开展大数据支撑下的教育治理能力优化行动，填补当前教育管理中的一些短板，优化管理过程，提高管理效率。综上所述，人工智能技术可以根据可视化的师生、生生关系，以及数量化的师、生影响力指数，学习管理者在人工智能助手的支持下做出相应的教育管理制度调整，建立相应激励机制，大力加强教学推进工作；建立相应教学资源调控制度，合理规划资源并提升教学效果；建立相应的校内师生申诉制度，及时反馈并解决教学困难。

第三节　人工智能活动

一、人工智能虚拟学习助手

（一）人工智能虚拟助教

由于在教学过程中，助教所发挥的就是为学生解答疑惑、设定计划等功能，这些工作多为简单机械重复的脑力工作，因此，人工智能可以逐渐替代助教业务。机器会跟着学生进入学校，监控他们的学习情况、学业压力以及身体健康，制定学习计划并指导他们下一步应该做什么。每一个老师都可以有一个虚拟助教，因为老师只有一双眼睛、一双耳朵、一个嘴巴，不可能观察、管理每个学生，但是机器可以变成千里眼、顺风耳帮老师观察每一个学生。帮助教师完成课堂辅助性或重复性的工作，如上课点名、批改试卷、考试监考等，还可帮教师收集整理资料辅助备课、教学和课堂管理，减轻教师的负担，提高工作效率。人工智能助教一方面可以收集汇总每个学生的学习态度、学习风格和知识点掌握情况等信息，使教师能够精准地掌握学生个体的学习需求；另一方面还可以统计班级整体的学习氛围状况、薄弱知识点分布和成绩分布等学情信息，使教师能够精准地掌握班级整体的学习需求。基于此，最终为合理规划教学资源、恰当选取教学方式提供专业指导意见，实现教学过程的精准化。同时，人工智能虚拟助教还可以应用于在线网络课堂中，由于大规模在线课程的学习者数量众多，并且地域广，所提问的问题数量也相对较多，同时也会因学习者所在地域的不同造成时间上的差异。针对这些现实的问题和困难，人工智能虚拟助教就成为助教的最佳选择，人工智能虚拟助教不仅可以为同学们解答并给予指导，而且准确率也较高。

（二）人工智能虚拟陪练

每个学生都有一个机器学习陪练，可以帮助学生整理学习笔记、发现学习中的问题，为学生快速地找到所需要的学习资源，或是针对性地推荐学习资料，协助学生管理学习任务和时间，提高学生学习效率。课后练习的反馈对于学习效果的提升非常重要，而数据化程度最高的环节也就是课后练习。不同类型的学习内容需要的教学方案各不相同，如理论性的学科的练习更加容易智能化，但是与实践相关的科目，如美术、体育和音乐等往往需要搭配人工智能硬件来达到学习效果。此类产品如“音乐笔记”就是音乐教育领域的陪练机器人，智能腕带和APP结合，利用可穿戴设备和视频传感器，对钢琴演奏的数据进行实时采集分析，并将练习效果反馈和评价呈现给用户。对于语言学习来说可以为他们量身打造个性化的人工智能虚拟陪练，通过智能算法，深度分析学员学习行为与学习数据，使得课程内容能够有针对性地由浅入深、循序渐进。总之，人工智能技术可以用来模拟真人一对一的辅导，充当学习者的虚拟陪练，及时为学习者匹配最符合其认知需求的学习材料和活动，并提供有针对性的实时反馈，让学习者自主掌握学习进度，帮助学习者培养自我时间和精力管理的能力，或用教学策略辅助学生的学习，帮助学习者应对挑战，从而找到自我学习的最近发展区。

（三）人工智能虚拟专家

人工智能专家是指，在某个自己擅长的领域能够熟练地运用数字化的经验和知识库，解决以往只有专家能够解决的难题。人工智能虚拟专家系统结合了人工智能和大数据，具备自我学习和综合分析的能力，专家系统可以获取、更新知识，而不再只是依据不变的规则和事实。人工智能专家可以帮助学习者和机构诊断、分析、预测和决策，这类企业在当下的市场上可以分为两类：“职业规划＋教育”和“专家批改＋教育”。前者如“申请方”——大数据和人工智能，为面临考研、留学以及求职等情况的大学生提供智能规划和申请服务的平台，帮助学生获取开放性的教育资源、实现高效率的学业发展、收获个性化的教育体验。后者如“批改网”——是一个计算机自动批改英语作文的在线系统，为学生和教师提供智能的批改服务。智能测评强调通过一种自动化的方式来测量学生的发展，担任了一些人类负责的工作，包括体力劳动、脑力劳动和认知工作，且极大地缩短了时间、提高了精准度。通过人工智能技术而实现的自动测评方式，能够跟踪学习者的学习表现，并实时做出恰当的评价。人工智能专家系统在外语口语评测、考试阅卷等人工智能技术的支撑下，充分利用用户的学业诊断数据、用户行为数据，并根据学生的学习目标、学习情况、学习习惯以及对知识点的掌握情况，通过用户画像、资源画像及构建知识图谱，实现学习资料和学习计划的个性化推荐。

二、人工智能 + VR：实现互动场景式教育

（一）人工智能 + VR 实现的可能性

VR 的主要研究对象是外部环境，而人工智能技术则主要是对人类智慧本质的探索，人工智能技术能够提高虚拟世界的效果，以及用户的交互体验，对用户行为的反馈也将更加自然，将人工智能与虚拟现实相结合运用在教育中，想象空间是不可估量的，益处也是显而易见的。最初，我们学习只靠看书、识记知识点，这属于第一个维度；随后，多媒体教学进入课堂，我们将幻灯片、视频带入学习中，这属于第二个维度；而现在，虚拟现实技术则可以被视作第三个维度，即体验式学习，比此前的视频教学更丰富、更能让学生全部的感官都沉浸其中。所以，VR 能够让学生的学习效果在多媒体教学的基础上更进一步，这在理论上是显而易见的。VR 技术以其高度模拟真实现场、不受时间和空间的限制和高度交互性等特性，能够为学习者提供多种类型的虚拟学习环境和虚拟实验室供他们“身临其境”地学习、观察和探究，以沉浸性和游戏化的体验方式来极大地提高学生学习的积极性和兴趣感。虚拟现实也有两种形态，一种虚拟形态是类似于你戴上诸如手套、眼镜等，然后给你另外一种感觉，戴上这些设备之后，你会觉得自己是在另外一个时空或环境，这是常见的虚拟形态，能够给人们一种虚拟现实的体验方式。另外一种是混合式的远程视频技术，当你戴上这种眼镜设备以后，你可以去触摸身边虚拟的椅子，你可以将其挪开，这样的技术可以给你类似于错觉的感觉，带你到达一些对于人类来说很难到达的地方，比如海底或者火山里面。虚拟现实技术让课堂不再局限于小小的教室、桌椅和黑板，而是整个世界。虚拟现实技术创造逼真的数字模拟，让学生沉浸其中，而人工智能可以让场景中的人物摆脱以往僵硬沉闷的形象，拥有一定的心智，甚至是别具一格的个性，并对自己的选择或互动做出反应。

（二）人工智能 + VR 技术在学科教学中的应用

在语文教学中，古诗词中的许多场景和我们当下的生活确实有很大区别，我们可以通过 VR 古诗词课件去呈现古诗词要表达的意境，如果在技术水平可以的情况下，最好做成中国风、泼墨画等风格的场景，这样更能让学生感受到

古诗词的意境美。如李白的名篇《望庐山瀑布》中有一句“飞流直下三千尺，疑是银河落九天”，这句诗对很多学生来说，理解起来可能会有点困难，因为许多人就没有登山的经验，那么我们可以做庐山的场景，或者是实地拍摄360度全景，或者是用3D软件建模，让学生戴上VR眼镜后，感受站在庐山瀑布脚下，感受仰望庐山瀑布的场景，这样肯定比老师讲解的效果好。

（三）人工智能+VR技术激发学生学习动机

教育的核心在于能不能有效地激励学生，尽快形成学习中的“正反馈”。人工智能+VR技术在这方面有着得天独厚的优势，尤其在一些需要实际操作的情景中更是具有不可替代的优势。虚拟现实技术克服了教学场地的局限性，无论是听觉、视觉还是触觉，虚拟现实技术带来的逼真的感官体验使得体验者如同身临其境一般，虚拟现实技术可以将学生带入完全逼真的教学情境中，通过交互式体验，让学生在不同于现实的场景中进行学习，增强学生的感官和身心的体验感，从而获取愉悦感及满意度，从而调动学生主动进行学习，激发学习动机，增加学习体验与参与度。情境学习是激发学生学习动机的一种新的学习方式，它解决了传统教学脱离真实的问题，挑战传统教学场地所带来的局限性，通过设置与生活环境类似的场景，促进学生学习。虚拟现实技术的出现为情景学习带来技术支持，通过呈现个性化特征、丰富多彩的媒体形式和刺激性的对话促进学习者的学习动机。大量案例证明，虚拟现实可以给学习者带来放松、愉悦、感兴趣等积极情绪，激发学生的内部学习动机。学生不出教室就可以认识世界，把学习变成一种兴趣。如在科普课上，学生就可以体验虚拟现实技术带来的学习乐趣。学生们戴上眼镜模拟潜水员在深海中所看到的场景，他们可自由地游往任何一片水域，近距离观察体会每一个海洋生物的特征。相比二维图像，虚拟现实技术所带来的沉浸式教学使课堂变得更加生动有趣，更重要的是这种学习体验会激发学生的创造力和想象力，进而激发他们探求知识、世界的兴趣，提升他们学习的动机。

三、人工智能与教育评价体系的构建

智能评价包括人工智能在传统测试的各个环节中的应用。教育评价的过程本质上是把某种潜在特质（看不见、摸不着又确实存在的能力、素养或心理特质）用一种科学的方法进行量化，用数值来表示被试在该项特质上的发展水平。

（一）人工智能机器命题

传统的考试命题是由学科专家、教师或专业的命题人员，根据教学大纲、教学目标和教学重难点等进行设计的。命题质量是决定整个测评质量的关键因素，试卷难度还应当满足测试目的：选拔性考试通常偏难。但在未来的考试中，要施行个性化教学首先要在教育评价上进行改革，需要给每个考生不同的试题，所需的题目数量与结构也就会同时发生变化。而且这种考试的频次往往较高，因此也需要更多的试题。传统的考试命题成本较高，耗费时间较久，且存在一定的错误率，而机器命题能大幅节约命题成本，提高命题效率。此外，出于安全性的考虑，由于机器命题没有泄露试题的风险，提高了一定的考试安全性。因此，机器命题在过去得到了较快的发展。尽管机器命题能节约成本，提高效率，但也存在一定的局限。首先，命题过程仍然离不开命题专家对母题的选择和分析，可见机器明显离不开学科专家的辅助。其次，机器在设计干扰项时比较死板，机器明显依赖于设计的算法，很难具有变通性，只会依据母题的模板生成干扰项，而不会根据题目的特点重新设计。再次，由于开放性问题（如论述题、语文作文等）的标准答案设计与标准答案不同，开放性问题的答案具有多样性，且难以制定一套标准，因此机器命题目前也较少被用于此类问题。最后，机器命题十分依赖语料库。语文学科的语料库发展比较快，计算语言学的研究已经完成了对词的难度、词和词之间的距离等的量化，为机器命题奠定了良好的基础。而对其他没有成熟语料库的语言来说，好的机器命题则难以实现。但是，即使目前存在以上的不足，相信随着对人工智能技术的深入研究，人工智能机器命题必是未来发展的趋势。

（二）人工智能自动评分

这里将要讨论的评分不包括扫描仪读取答题卡，而是指在传统考试中需要由阅卷员进行打分的开放性问题，如口语考试、简答题、作文题等，这类评分对于阅读员来说更有难度，且耗时更长。在普通考试中教师评分耗时耗力，例如全国性的大型考试，比如考研阅卷需要一个月才能完成，而机器自动评分可以节约时间和成本，大大提高效率。目前自动评分一般包括三个步骤。首先，要把试卷上手写的文字转化为电脑可以读取、分析的文本。这一步依赖自然语言处理系统，需要运用到中文软件系统对其进行处理。第二步，分析文本。常用的分析方法有两种，一种被称为“隐含语义分析”，另一种则是“人工神经网络”。所谓隐含语义分析，是指把被试的回答转换成数字矩阵，计算与标准答案矩阵之间的距离。这种方法多用于简答题。对于较长的回答，如英语作文，则更多使用人工神经网络。人工神经网络简单说来就是找出本文的特征，如关键词出现的频率、复杂句式出现的频率、连接词的频率等，根据文本的特征来完成打分。在评定较长的回答时，先要让计算机去大量“学习”已经由专家完成了评分的答案，每一种分值都需要一定数量的案例，完成评分特征的选取。最后一步就是打分。打分也有两种方法：分类和回归模型。当题目的分值较低时（如可能的得分是0到5分），分类法较为常用。计算机把被试的回答和已经学习过的不同分值的回答进行对比，把回答归入最接近的一组，就完成了打分。当题目的分值较高时，则多用回归模型，即通过机器学习已经由专家完成打分的大量案例，建立回归模型。新的文本特征作为自变量“X”，通过回归模型，计算出最终得分“Y”。当然，自动评分还存在很多局限。一方面，机器学习的资料是不同专家的评分，本身就存在一定的不一致性，因此，自动评分的结果与人工评分还会有一定的差异。另一方面，自动评分也十分依赖语料库的建设，对于计算语言学没有深入研究的语种，就难以建立比较精准的模型。此外，自动评分在面对“创作型写作”时，往往很难给出准确的判断。

（三）人工智能与教育测评的未来研究方向

人工智能在命题和评分中的研究和应用还在不断推进的过程中，但不少研究者认为，目前的这些应用没有改变测评的基本内容和形式，人工智能测评还是不能离开教师和专家的帮助，机器只能起到辅助的作用，只不过在一定程度上降低了成本、提高了效率而已。当前的在线学习平台已经积累的数据，应该能够支撑研究者们进行更多的探索，突破原有的测评方式，例如应用学习过程中的行为数据完成测试等。研究者们开创了一个新的领域——“分析测量学”，即通过大数据分析而非传统的考试，对学生进行测评。分析测量学仍然遵循测量学的基本逻辑：首先，要建立理论框架；随后，在学科和认知理论的基础上，进行新型“命题”，即通过数据挖掘找到高相关性的信息，同时通过传统命题的思路赋予这些数据实践意义；然后，再通过理论与数据结合的方式，对不同的行为进行评分；最后，运用测量学模型估算被试的能力，这种“分析测量”将改变测试的场景、命题和评分方式，给测量领域带来更具深远意义的变革。基于人工智能技术的分析测量学作为一种新兴的研究方向，拓宽了人工智能在教育领域的应用范围，为真正个性化定制学习提供了诊断基础。

第四节　人工智能平台

当前，全球正在进入第四次工业革命，即以人工智能、清洁能源、机器人技术、量子信息技术、虚拟现实以及生物技术为主的全新技术革命。我国要求加快智慧广电战略，大力推进有线、无线、卫星传输网络的互联互通和智能协同覆盖，大数据、云计算、人工智能等新一代信息技术的广泛应用，不仅给广播电视领域带来前所未有的深刻革命，同时也给广播电视传输所覆盖的事业带来研究的机遇与挑战。

教育是人类社会发展的基石，在资本寻利的推动下，人工智能在教育领域的渗透应用势不可挡。在人工智能时代把人工智能与教育有机融合起来，充分发挥人—机两类智能彼此之长，打造更强的“教育合力”是时代之吁求。我国教育当前所面临的一个重大困境就是发展不平衡，教育发展水平特别是在教育资源配置上存在明显的东西部以及城乡差距，二元结构明显。在人工智能时代到来之际，政府提出要在教育资源有限的条件下，通过开发数字教育资源以及提升数字教育服务供给能力等教育信息化手段缩小区域之间的教育差距，从而促进教育公平。在教育资源既定并且不足的情况下，对于实现教育公平最为至关重要的是合理的资源配置，人工智能能够提供智能平台让不同地区的学生拥有相同的教育资源。因此，人工智能平台能让学生享有优质教育资源以获得自身的充分发展机会，把教育资源的共享做到最大化。通过基于人工智能的共享教育，使经济社会发展水平不同地区的学生能够同享最为优质均衡的教育资源，不仅推动教育的区域均衡发展，还提高教育资源的利用率，对实现我国教育公平有着极其深远的影响。

一、人工智能平台的含义

现代意义上的人工智能，就是用计算机解放人，做人应该做的智能化的工作，实现更高层次的应用。也就是说，人工智能主要是对人类的智能活动进行研究和分析，然后借助一定的智能科技系统和技术，植入一定的程序，完成人类脑力所要从事的各项工作。换句话说，现代计算机技术的应用创新可以模拟人的智能行为，实现对基本的理论和方法的积极探索。人工智能是计算机网络技术发展应用的结果，它被广泛应用于很多的学科领域当中，并在其中取得不小的成就，逐渐搭建起人工智能平台，囊括了人工智能理论和实践的所有分支。主要涉及计算机科学、心理学、哲学和语言学等学科领域，可以说是囊括了自然科学和社会科学的所有学科。人工智能不仅包括计算机网络科学的内容，还与思维科学建立了密不可分的关系，两者是实践和理论的关系。若要站在思维的角度看人工智能，逻辑思维、形象思维、灵感思维都是促进人工智能取得突破性发展的内容，其中应用最为常见的便是数学。数学工具也是人工智能平台当中较为广泛的，标准逻辑、模糊数学都在人工智能平台的不同范围内发挥着作用，促使人工智能不断被创新和优化。

二、人工智能平台的应用探究

由于目前基础计算能力的大幅提升和大规模的数据积累，当前全球人工智能技术产业正快速成熟并逐渐步入商业化阶段。为了抢占产业发展先机，谷歌、微软、Facebook、百度等国内外巨头企业依托自身优势，持续加大研发投入力度，大力布局人工智能领域，积极推动人工智能技术在各行业领域中的融合创新。

（一）谷歌安卓体系创新

安卓操作系统是承载移动互联网应用的最大载体，也是谷歌构建移动互联网生态体系的核心之一。为了充分发挥移动互联网庞大的用户和开发者两大群体优势以及加速人工智能技术与移动互联网技术的融合，谷歌从底层接口、平台框架、应用等方面对安卓体系进行了一系列升级，完善了人工智能技术在终端侧的应用生态体系，推动了人工智能算法模型向终端侧的下沉，促进了人工智能终端应用的快速创新迭代。

1. 推出安卓系统新接口，优化应用支持能力

谷歌为了实现安卓系统的创新与优化，推出了安卓 8.1 版本，其中增加 Android Neural Networks API（简称安卓 NN API）接口。这是一个与机器学习相关操作的 API 接口，能够在移动设备上运行。安卓 NN API 接口可以从安卓系统上运行的应用运算需求出发，直接由安卓上的机器学习库和框架调动分配，敏捷地为终端设备中的图像处理单元、数字信号处理器等硬件分配计算量，从而为安卓系统上层的机器学习库提供稳定的底层支持。谷歌推出安卓 NN API 接口是加快发展人工智能技术在终端设备中提高应用支撑能力的重要举措，不仅能够帮助开发者突破运行速度快、延迟率低和成本低廉的人工智能移动应用，也为实现安卓系统的优质智能化提供保障。

2. 显著改善 TensorFlow，提升技术实力含量

TensorFlow 是一个基于数据流编程的符号数学系统，被广泛应用于各类机器学习算法的编程实现。其具有以下几个特点：第一，是编写程序的计算机软件。第二，是计算机软件开发的工具。第三，应用领域广泛。可应用于人工智能、深度学习、高性能计算、分布式计算、虚拟化和机器学习这些领域。第四，软件库可应用于多个领域的建模和测试。第五，可用作应用于人工智能、深度学习等领域的应用程序接口。

作为谷歌人工智能应用的核心，谷歌于 2018 年进一步提升了 TensorFlow、TensorFlow Lite 两大核心产品的易用性、兼容性。一是谷歌提升开发 Tensor-

Flow 的简便性，有效提升开发效率。目前，深度学习模型规模庞大，通常可达数十层、数百万个参数，模型搭建、训练需要大量标记数据和计算能力，严重制约了模型训练及优化的效率。二是增强 TensorFlow 的多语言支持能力。谷歌通过交换格式的标准化和应用程序接口的一致性，并改善这些组件之间的兼容性和奇偶性，从而达到支持更多平台和语言。三是提升 Tensor Flow 的跨平台支持能力。TensorFlow Lite 旨在为智能手机和嵌入式设备创建更轻量级的机器学习解决方案，谷歌扩展了 Tensor Flow Lite 的应用平台支持范围，可以在许多不同平台上运行，安卓和 iOS 应用开发者都可以使用。此外，谷歌针对移动设备进行了优化，包括快速初始化，显著提高的模型加载时间，并支持硬件加速。

3. 优化学习工具包 ML Kit 格式，提升人工智能应用的开发效率

ML Kit 是由谷歌开发的有着强大易用功能的机器学习开发工具包，它将谷歌在机器学习方面的专业知识带给了普通的移动应用开发者。其核心在于将训练好的机器学习模型整合成可直接调用的应用程序接口，对外提供服务，使开发者仅需几行代码就可调用云端的深度模型算法能力，极大地简化了终端人工智能 APP 开发流程。

ML Kit 针对移动设备进行了优化，机器学习可以让你的应用更有吸引力，更加的个性化，并且提供了已经在移动设备上优化过的解决方案。提供的应用程序接口服务主要有：第一，图像打标，可以识别图像中的物体、位置、活动形式、动物种类、商品等等；第二，文本识别，从图像中识别并提取文字；第三，人脸检测，检测人脸和人脸的关键点；第四，条码扫描，扫描和处理条码；第五，地标识别，在图像中识别比较知名的地标；第六，智能回复，提供符合上下文语境的文字回答。值得一提的是，这些服务功能可以在线和离线使用，具体取决于网络可用性和开发人员的偏好。

（二）科大讯飞智能平台的支持

当今世界，主要发达国家都把发展人工智能作为提升国家竞争力、维护国家安全的重大战略，加紧出台人工智能的规划和政策，围绕核心技术、顶尖人才、标准规范等强化部署，力图在新一轮国际科技竞争中掌握主导权。语音和人工智能技术有着广阔的前景，在国家安全、民族文化传播、双语教学等国家战略领域都有着非常重要的应用价值。科大讯飞作为亚太地区最大的智能语音和人工智能上市公司，也是中国智能语音与人工智能产业的领导者，在语音合成、语音识别、口语评测、自然语言处理等多项技术上拥有世界领先成果，其人工智能技术在我国教育领域的应用是推动我国教育事业步入人工智能时代的重要保障。

1. 讯飞超脑计划

科大讯飞股份有限公司是国内专业从事智能语音及语言技术研究、软件及芯片产品开发、语音信息服务的骨干软件企业。作为国内最大的智能语音技术提供商，科大讯飞在智能语音技术领域、软件及芯片开发等领域有着一定的研究成果，并有中文语音合成、语音识别、口语评测等多项技术成果。科大讯飞启动的“讯飞超脑计划”，其核心是让机器人从“能听会说”到“能理解会思考”，目标就是要实现一个真正的中文的认知智能计算引擎，从而推进感知智能和认知智能在内的全面突破，这也是人工智能领域的核心内容。在感知智能领域，首先，语音识别、手写识别方面每年要保持30%～50%的错误率的下降；在能够清晰识别普通话的基础上，进一步优化识别方言。其次，不仅要求能够理解人类和机器的对话，还要瞄准理解人和人之间的对话的方向努力，这是现实的选择，也是未来努力的方向。此外，不仅能够识别联机手写的字符，识别离线手写的字符也要得到落实。在认知智能上的研究目标，关键是让机器能理解会思考，这必须要突破语言理解、知识表示、联想推理、自主学习等多个方面。

科大讯飞的“讯飞超脑”计划已经取得了阶段性的进展和突破。在口语翻译和评测方面，科大讯飞口语翻译技术已经达到英语六级水平，在国际机器翻译评测等大赛中夺得冠军，口语作文评测机器已经可以替代老师进行自动评测。在主观题阅卷上，科大讯飞将人工智能核心技术应用于考试以及传统线下作业的自动批阅，不论是手写识别的还是选择题涂抹，都可以先通过OCR（Optical Character Recognition，光学字符识别）转变成计算机可以理解的文本和图像，再让计算机自动对答案的正确程度进行评判，这其实是感知智能和认知智能的结合。现在安徽省合肥市和安庆市的会考中，对英文和中文的考试进行自动评分，取得了非常好的效果，以后，此项技术很可能将会被全面推广到包括文科和理科的所有课程。

2. 全力打造智学网平台

科大讯飞深耕教育事业，打造了以智学网为平台的智慧课堂系统等一系列教育教学产品，基于动态学习数据分析和“云、网、端”的运用，实现教学决策数据化、评价反馈即时化、交流互动立体化和资源推送智能化，创设了有利于师生协作交流和意义建构的学习环境，促进学生实现符合个性化成长规律的智慧发展。

相比于传统的以教为主的教学模式，智慧课堂系统实现了教与学的翻转，把课堂交给学生，达到“先学后教，以学定教”。系统能够为学生提供海量的学习资源和课本迁移知识，让学生在预习时通过自主学习来消化知识点，上课时集中解决学生自学过程中不能理解的问题，提高了课堂教学的效率。结合智慧课堂系统的即时评价功能，教师可以免去课堂测试的批阅过程，实现当堂测当堂评，及时解决教学过程中发现的问题。在开展英语教学活动中，教师利用智学网，能够立刻得到学生课堂听写的批阅和统计情况，以此跳过学生普遍掌握的知识，对大多数学生存在的问题进行重点讲解，节省了课堂时间。此外，依托智慧课堂系统等教育信息化产品，科大讯飞积极推动教育行业的资源共建，以微课等形式，实现优秀教师资源实时实地共享，达到最优质的教学资源的均衡利用。科大讯飞已经联合国内多所名校，启动“推进教育信息化应用名校联盟”，创新人才发展模式，引领课程、课堂改革，共促教育信息化应用。

三、人工智能平台对教育发展的影响

在人工智能时代到来之际，人工智能平台与教育发展的深度融合是历史的必然，也是现实的选择，更是未来的方向。因此，要抓住机遇利用人工智能技术打造教育信息交流的互动平台，努力建设教育治理综合数据库，实现教育治理数据的互惠互通，这对有效促进我国教育事业的发展有着深远的影响。

（一）改变育人目标，推动教育体系的改革创新

人工智能改变了育人目标。正如机器取代简单的重复体力劳动一样，人工智能将取代简单的重复脑力劳动，司机、翻译、客服、快递员、裁判员等都可能成为消失的职业，传统社会就业体系和职业形态也将因此发生深刻变化。适应和应对这种变化与趋势，教育必须回归人性本质，必须褪去工业社会的功利烙印。当人工智能成为人的记忆外存和思维助手时，学生简单地摄取和掌握知识以获取挣钱谋生技能的育人目标将不再重要。教育应更加侧重培养学生的爱心、同理心、批判性思维、创造力、协作力，帮助学生在新的社会就业体系和人生价值坐标系中准确定位自己。教育目标、教育理念的改变将加速推动培养模式、教材内容、教学方法、评价体系、教育治理乃至整个教育体系的改革创新。

（二）推进优秀经验模式化，推广教学优质化

在人工智能平台的支持下，人工智能技术可以渗透到教育的方方面面，不仅能为教师、学生以及学校的各项工作提高效率，还能为各项教学工作提供优秀示范，积极推进教学质量优化。例如，人工智能自动数据结构化的技术，可以把当前采集的数据编进计算机进行分析。比如学生所做的试卷、作业，这是课前和课后衔接的一个重要环节。运用人工智能机器，可以把学生做完的作业编成计算机可以处理、分析的数据，大大减少了教师的工作量，从而提升教学

工作的效率。此外，未来的机器还可以把更多优秀的活动变成一种模型让计算机去运行，从而代替很多烦琐的工作，是全面提升教学质量的重要动力。

（三）推行个性化的教学资源，全面保障教学个性化发展

在人工智能时代，每个老师都有一个教学助手，机器可以对每一个学生进行详细的观察与测评。人工智能技术平台不仅能从知识关联和群体分层方面分析学生知识掌握情况，推送学习建议，还能从大脑思考方式、个体性格特点、所处环境特征等方面，为每个学生提供个性化、定制化的学习内容、方法，激发学生深层次的学习欲望。而这其中的关键就是数据，有了大量学习的数据以后，系统可以对学生进行问题诊断，最后给学生推送个性化的学习资源，从而更好地解决不同学生的学习问题。

（四）实现教师自我提升，造就教育的新形势

教师的任务是教书育人，教师的作用不仅是传授知识，而且需要通过情感的投入和思想的引导教会学生做人、塑造学生的品质等。教育是一项心灵工程，它的实施者——教师是富于情感和智慧、想象力与创造力的人类，这些特质是人工智能无法比拟的。同时我们也看到教师正在努力从教学的主宰者、知识的灌输者向学生的学习伙伴、引导者等方向转变。基于此，即使未来人工智能在知识储备量、知识传播速度以及教学讲授手段等方面超越人类，人类教师仍然具有不可替代的作用。但是面对人工智能的冲击，教师应该具备危机意识和改革意识，思考如何发展那些“AI 无而人类有”的能力，思考如何提高教师这个角色的不可替代性，思考什么才是真正的教育，思考未来需要培养怎样的人才等问题。只有朝这些方向努力，才能将人工智能带来的挑战转变为变革传统教育、创新未来教育的机遇。

第五章

人工智能时代学校创新与学生发展

第一节　建设教育新生态与拓展学习时空

一、建设以学习者为中心的教育新生态

传统教学以教师为中心，把学生当成知识灌输的对象，整个教学过程的主角是教师。学生自由发挥的余地极少，同时，教师也无法开展多样的教学活动吸引学生，提高他们的学习兴趣。可见，传统教学无法促进学习者身心多方面的发展，无法提供丰富的教育活动，无法促进学习者德、智、体、美、劳等多方面发展，也无法提供多维度的学习环境和思维方式，让学习者的身心发展潜力得到充分挖掘。以学习者为中心与以教师为中心相对应，主张从教学思想、教学设计、教学方法等均以学习者为中心。以学生为中心的教学模式是对人本主义的理性回归，是在对传统教学模式进行深刻反思的基础上发展起来的。这一模式要求教学活动以学习者为中心而展开，充分重视学习者在学习过程中的积极作用，充分调动学习者的积极性和提高自信心，要尽量让学习者自己控制学习内容和方法，鼓励学习者参与到教学活动的各个环节中来，鼓励学习者更多地负责自己的学习。教育过程中，教师的主要任务不是“传授”，而是“促进”学习者自我实现其潜能。

人工智能应用于教育改变了现有的教育模式。目前的教育模式大多以教师为中心或以课堂为中心，忽视了学习者的地位。人工智能应用于教育中改变了这种模式，实行以学生为中心的教育模式。这一模式将教师从学科事务中解放出来，从而有更多的时间和精力来协调学习者之间、学习者与学习系统之间的关系，使教师的主导作用得以充分发挥；对于学习者来说，以学生为中心的教育模式体现了学习者的主体地位，使学习者能充分发挥主观能动性自主学习。

提高了教学的质量和效率。人工智能应用于教育中，可以有效提高教学的质量。这是因为人的智能有时并不能用语言完全表达清楚，而人工智能是研究人类智能的机理以及如何用机器模拟人的智能的学科。其应用于教育中，可以通过计算机向学习者展示大量图文并茂的信息和数据，从而加强学习者的感性认识，为学习者理解和掌握所学知识提供了方便。此外，人工智能应用于教育中，还可以提高教学效率。例如，在基础教育教学设计阶段，设计的过程模式比较复杂，而通用模式不适应各种教学情况，并且设计的工作量过于繁重。计算机可以帮助教师完成这些“机械劳动”，让教师把更多的精力集中于学与教的过程和行为，大大提高了教学效率。

增强了学生的动手能力和解决问题的能力。人工智能是一门新兴的学科，它所包含的技术是研究的热点。在教育中应用人工智能，可以使学习者接触前沿的技术，不但能够激发学习者的学习兴趣，同时又要求学习者有一定的操作能力。在这种情况下，学习者会努力提高自己的操作技能，从而增强自己的动手能力。

(一) 以学习者为中心的相关概念

1. 以学习者为中心的教学理念

人类的学习过程不是线性的，而是循环的、连续的、复杂的、自然的。研究还表明，当学习者处于相互支持的环境中时，学习效果就会得到提高。在这样的环境中一起学习，学习者会有一种归属感，并能控制学习过程，让人感到安全、信任。

2. 以学习者为中心的三重意蕴

以学习者为中心，首先需要以对教育中“人”及人的主体性的尊重为前提。“人”既是教育存在和发展的根本目标，又是教育中最为重要的依据，包括教育者和学习者在内的人的主体需要、人的生命的个性化存在方式、人的自我超越的独特类本质、人对自身主体性及其作用的认识和发挥，以及人对自身价值实现的终极追求，都使得作为类存在和个体存在的“人”成为教育中积极、活跃、值得重视的因素。

以学习者为中心，需要以对学习者的特征分析、需求关注和发展信任为重点。作为一种更加自然的、适切的和有效的理论框架，建构主义关注课程内容与学习者之间的关系，视个人经验与社会现实为个人知识建构与社会协商的重要资源和必要基础，强调具有独特需要、尊严与价值的学习者是学习和发展的主体。需要指出的是，以学习者为中心，不是要把全部的任务与责任都转移到学习者头上而削弱或放弃教师在课程设计和教学实践中的主导作用及其作为

“教”的主体的地位。相反，是要强化教师专业责任和提高其主体性发挥水平，体现在研究教育对象，激发学生的求知欲，调动学生的学习积极性，启发学生自觉思考问题上。

以学习者为中心，需要以对学生学习的有效发生和积极促进为落脚点。以学习者为中心的最终体现和现实归属是关注学习者的学习，在了解和把握学习者的身心特征、社会文化差异基础上了解和促进有效学习的发生。这种有效学习是联系学习者已有信息和经历并伴有反思的深层学习，而不是仅记忆事实和关注具体细节的浅表学习。

3. 实施以学习者为中心教学的必然性

传统教学设计的理论受到客观主义影响，主要是以行为主义理论为基础，强调外部的各个教学要素对学习结果的作用，认为教学是知识的单向传授过程，是知识从一方转移到另一方的过程。教师对逻辑的、系统的、预先设定的目标做客观设计，使学习者在其教学设计下达到预先设定的、高度客观化的共同业绩或能力。与此同时，教师、教学软件和教学系统等外部要素对学习者实施外在控制，导致学习者缺乏主动性和积极性。学习者缺乏了积极性和主动性，教学便成为教师的满堂灌，学习的结果千篇一律。

（1）从现代教育基本功能的角度看

一方面，以学习者为中心的教学注重学习者的主体性、真实学习环境创立。教师根据教学内容不同，创设不同的学习环境，让学生在真实的环境中学习知识、理解知识。学生理解知识的角度随着学习环境的不同而不同，是多角度的理解。学生在问题解决的过程中根据个人的学习特点选择不同的学习方式，进行自己对知识的意义建构，使学习者的身心发展潜力得到充分发展。

另一方面，以学习者为中心的教学注重各种信息资源的充分利用和合作学习。对不同的教学活动，学习者需要摄取不同的信息来对知识进行建构。教师通过提供各种各样的信息资源，设计教学活动，扩大学习者的知识面，使其从不同的渠道理解知识。学习者结合自己的知识经验，不仅学到知识，还能学习合作，与人相处，身心两方面得到协调发展。

（2）从现代教育的衍生功能来看

第一，伴随当前我国经济体制转型，经济全球化趋势要求形成新的人才观。我国文化历史悠久，传统思想根深蒂固。如何让人们的传统思想和文化意识跟上政治和经济结构的变化，从而适应市场的发展需要，是教育的重任，各项教育改革也随之而来。如课程的设置，教学的目标以及评价的方式等都在发生变化。教育要培养市场需要的人力资源，市场更需要能独立自主，具备合作精神和一定交际能力的人才。以学习者为中心的教学在提倡学习者独立自主学习的同时，强调协作学习，共同努力，学习者学习知识的同时学会与人沟通、相处。

第二，科技的迅速发展要求培养创新精神的教育观念与之相适应。教育者需要营造有利于培养和发展学生创造力的好环境。在通过多种教育活动培养和发展学生智力因素的同时要大力培养和发展学生的动机、兴趣、情感、意志和性格等非智力因素。因为非智力因素对创造过程起着启动、定向、引导、维持、强化、调节等重要作用。以学习者为中心的教学支持学习者发掘问题作为学习活动的刺激物，学习成为自觉自愿的行动，而不是给他们强加学习目标；此外，真实的学习环境，使学习任务在真实的情境中展开，让学生带着真实任务进行学习。在注重智力因素的同时，强调非智力因素的作用。

此外，以学习者为中心的教学也提供了各种培养创新素质的方式方法。教师的角色更多是启发者、促进者、帮助者，在教学中通过各种教学活动启迪引导学生，帮助学生学会思考，在轻松愉快、生动活泼的课堂中，学生探究问题的热情被激发了，有利于发挥学生的想象力和创造力。又如，在评价方式上，强调非量化的整体评价，反对过分细化的标准参照评价，有利于培养学生的价值观、人生观、创新意识和创新实践能力。

第三，现代社会的社会人才构成与流动发生巨大变化，需要教育培养适应能力强的终身学习者。现代建构主义学习论的突出优点之一就是揭示了学习的动态性和无限性，把学习看成一个连续建构和永恒发展的过程。现代教育要调整社会人才结构和促进社会人才流动，增强社会人才结构中对社会需求的适应机制，促进人才在不同技术特征部门间流动。以学习者为中心的教学提倡学生的多元发展，重视学生各种能力的培养。在教师尊重个性差异，根据不同学习背景和学习方式对学生进行引导的教学过程中，学生学会了适应环境、适应他人，为以后不断学习、适应并流动于不同的生产部门奠定了良好基础。

第四，现代教育传播一定社会的政治意识形态，重视培养独立见解。以学习者为中心的教学过程中，提倡百家争鸣，百花齐放，教师和学生形成平等、民主的关系。学生对一些社会现象提出自己的见解。学生之间、教师之间、师生之间就某些感兴趣的或比较敏感的话题相互探讨，还可以通过互联网或咨询教师、专家来建构自己的理解，有利于完成学生一代的政治社会化，形成自己的独立见解以及人生观和价值观。

（二）建立以学习者为中心的教学模式基本理念

1. 探讨情感体验式新的教学方法，完善学习者的人格

教育之本质在于人之生长、人格之完善。而完整的人格，至少应有知、

情、志三个方面，因此三个方面者皆有修明之必要。在基础教育课堂教学环节上应鼓励情感体验式教学等有别于传统灌输式尝试和探讨。情感体验教学注重学习者深入参与过程，突出教师与学生、学生与学生、学生与教材之间双向交流沟通的过程。教师尊重学生的人格，重视学生、倾听学生的见解，让学生体验到亲切的情感，从而产生良好的心境，培养体验主体会学的能力，即培养学生独立学习的能力。通过这种情感体验，学生的思想得到了升华。

2. 营造学习者自由学习的环境

在传统的教学模式中，几乎所有的教学决策均由教师做出，如教学内容、教学方法、教学计划、教学大纲、作业布置，在这个过程中，学生没有学习控制权，感受不到自己学习主体的地位，难以形成自我负责的意识。在以学习者为中心的教学中，应该把适当的权利还给学生，在各个决策环节尽量给予学生一定的选择权、决定权，这样才能真正体现以学习者为中心的本义，即根据学习者的内在需求组织教学过程。

3. 加强学习者之间合作学习

合作学习是指在教学中，通过两个或两个以上的个体组成合作学习小组一起学习，以提高学习成效的一种教学形式。这和高校最初的传统相一致，合作学习的两种主要方式是学习小组和读书会。这都是合作互助的学术自治组织。它们强调具备不同的认知能力、学习风格、性格特征、文化背景等因素的小组成员要通过合作学习和相互帮助，以达到共同进步的目的。在合作学习过程中，每个小组成员都必须承担一定的学习任务，并且要负责将自己学会的内容教授给同组伙伴，否则自己所在小组的成绩和个人成绩都将受到影响。学生意识到，成功地实现小组目标要依赖小组成员的共同努力。在学习过程中，学生均有成功表现自己能力的机会。学生在帮助他人的同时也接受他人帮助，扮演着学习者和教师的双重角色。合作学习充分利用课堂上人际互动关系，使学生在学习知识的同时更学会交流、协商和合作。

以学习者为中心打破了传统的教学思维和教学模式，正确处理了教与学的关系，体现了全面实施素质教育的新要求，逐渐为广大教师所接受和采纳，而且为我国当前的教育改革如快乐学习、情感教育等提供了新的途径。

（三）人工智能时代以学习者为中心的计算机辅助教学

近年来，信息技术在教学中的应用，已经极大地改变了传统的教学理念和教学模式，除了远程教育课程外，多媒体课件、BBS 论坛、聊天室、微博等也是计算机辅助教学的重要手段，且在教学中的应用更普遍。计算机辅助教学的出现及广泛应用，是现场教学形式的有力补充，有助于实现教育信息化和网络化。

1. 以学习者为中心的教育理念

以教师为中心的传统教学，忽略了学生作为主体的作用，但是以学习者为中心的现代教育理念，提倡自主、探究、合作，主张以学习者为中心设计教学，解放学习者思维，发挥学习者的主观能动性，强调在做中学。它尊重学生的主体作用，又不忽略教师的主导作用，是一种更优化的教学模式。

2. 计算机辅助教学模式

计算机辅助教学是利用计算机设备和互联网技术对学生实行信息化教育的一种教学模式，既弥补了传统教学难以为学生创设真实情境的缺陷，又为学生提供了大量的学习材料，帮助其进行自主学习。在计算机辅助教学模式下，学生可以利用网络自由地搜索学习所需的材料，并通过网络平台与其他同学探讨问题，找到解决问题的方法；教师则发挥主导作用，扮演引导者、辅助者的角色，帮助学生完成自学的过程，使其通过探究获取知识。因此，计算机辅助教学是一种超时间、超空间的教学，是一种能够真正体现学习者主体作用的教学，是一种高效的教学模式。

3. 以学习者为中心理念下的计算机辅助教学策略

（1）构建计算机辅助基础教育学习环境

学习环境是由学习发生的“地点”“空间”及为学生学习创造的各种支持条件共同组成的，只有良好的学习环境，才能为学生提供好的学习条件。

第一，基于互联网构建网络教学平台，如资源库、校园网站等，学生通过密码登录教学平台进行自主学习，有了自主学习的“地点”和“空间”。第二，建设网络教学资源。网络教学资源除了网上资料外，还包括自制的文字材料、录像材料、课件、微课等，资源形式多种多样，来源也不尽相同。为了便于学生进行系统化与个性化学习，应分门别类地设置栏目板块，如教学重点、网页分课程说明、教学辅导、疑难点、流媒体复习课件等栏目，让学生看得清楚、明白。第三，搭建良好的网络交流环境。网络交流是学生自主学习中不可缺少的信息沟通渠道，包括文本交互、音频、视频等交流方式。第四，构建良好的学习氛围。计算机辅助教学学习环境构建不仅包括技术方面，还包括学习氛围方面。参加网络教学的学习者首先要自我介绍并相互了解，建立和谐的交互关系，以便有效地开展讨论等学习活动。

（2）采用合作学习的方法

计算机辅助教学作为一种新型的教学模式，是在传统教学基础上发展起来的，并不是对传统教学的完全摒弃。传统教学中一些有益的教学方法在网络教学中仍然适用，如合作学习、小组讨论等。

计算机辅助教学下的合作学习，是学习伙伴之间、师生之间相互沟通的手段。例如，在英语学习中，教师可以让学生进行英语话剧表演。先把学生分为若干小组，选出小组组长，负责组织讨论，然后每组学生自选题材、自编剧本，接着各组成员通过聊天工具讨论题材、剧本，通过音频、视频等方式进行演练，这样即使不时地排练，也能够完成教师布置的学习任务。

（3）建立网络教学的课程体系

网络教学是现场教学的一种补充，是实现基础教育教学信息化和网络化的重要渠道，也同样拥有自己的课程体系、发展目标和实施计划。

第一，大力开展多媒体教学、微课教学。教师应多制作多媒体课件、微课视频，总结积累媒体教学经验。第二，积极推动从多媒体教学到计算机辅助教学的过渡，鼓励教师多从学科、课程体系角度利用网络教学，实现现场教学延伸与拓展。第三，有针对性地利用网络教学打造一些特色课程，以网络教学平台为依托，课堂教学为支点，构建特色课程的教学体系，包括教学大纲、学习要求、课外作业等，通过网络实施教学活动。

（4）采用新媒体和新技术

交互式电子白板的投票器、勾画、拖放、照相、拉幕、录播等功能，能将抽象的东西具体化，迅速集中学生的注意力，及时反馈学生的学习状况，从而保证其学习效果。

总之，以学习者为中心的教学结构，能充分调动学习者的主观能动性，有利于培养他们的自学能力、创新能力、协作能力、探究能力等，符合现代教育自主、探究、合作教学理念。而网络教学能很好地支持以学习者为中心的教学结构，因此教师应充分利用计算机辅助教学的优势来辅助现场教学，促进我国教育事业更好发展。

二、拓展以智能互联为载体的学习时空

以智能互联为载体的教育超越了时空的局限，能够实现信息的实时交互和资源共享，符合学习者个性化的需求，也体现出教育公平性的原则，这些优势结合教育，使得任何人在任何时间、任何地点、用任何方式学习成为现实，将产生巨大的价值，颠覆了传统的教学模式。

任何一个时代的进步，都离不开创新。互联网由于具有超越时空、实时交互、受众广泛等特点，对创新的要求更高，离开创新的互联网必然会落后。以智能互联为载体的学习时空在时代创新的浪潮之下，也焕发着勃勃生机，直接参与了教育创新，显示出优于传统教育的创新点，其中既有技术上的，也有课程内容上的。

（一）人工智能在教育中的应用

1. 人工智能和教育的关系

人工智能是研究让计算机接受教育、提高智能的科学技术。将人工智能的研究成果反过来应用到人们日常生活的各个方面，可以改善人们的生活。比如，将其应用到教育过程中，可以提高教育的工作效率（减少教师的数量和工作时间，甚至直接提高受教育者的智能），还可以产生新的教学模式，如网上学习共同体、合作学习等。

人工智能原理和技术从诞生起就应用于教育，其产品通常称为智能指导系统或者智能计算机辅助教学系统。计算机辅助教学系统可以采用多种形式。

2. 人工智能与网络教育的融合

随着人工智能理论与技术的发展，其在教育中的应用日渐增多，如网络上网页的组织形式，就包含人工智能的原理。目前计算机辅助教学系统智能在教学领域特别是网络环境下的应用主要有以下几个方面。

（1）计算机辅助教学

计算机辅助教学是由程序教学发展而来的。但是以程序教学为理论基础开发的计算机辅助教学课件，在推理机制和学生模型方面存在不足，因而不能根据不同学生的实际情况进行动态调整，缺乏灵活的应变能力。借鉴人工智能中的专家系统知识，在一般专家系统中再加入一个学生模型模块，就构成了智能计算机辅助教学系统的基本结构。其中推理机的作用相当于现实教学中的教师，它可以根据知识库中的内容和学生模型推断出每个学生的学习能力、认知特点和当前知识水平，根据学生的不同特点选择适当的教学内容与教学方法，并可对学生进行有针对性个别指导，提高教学效果。如果再把自然语言理解技术引入计算机辅助教学系统，构成智能接收模块，就能实现人机自然语言对话，使计算机辅助教学系统真正能够与人类教师相媲美，这在师生分离的网络教育环境中将更具意义。

（2）智能代理

在传统的教学过程中，最经典的教学模式是以教师为主，教师讲、学生听，它是一种单向沟通模式。这种教学模式的优点是有利于教师主导作用的发挥，便于教师组织、监控整个教学活动进程，便于师生之间的情感交流，因而有利于系统的科学知识传授，并能充分考虑情感因素在学习过程中的重要作用。其主要缺点是完全以教师为中心，忽视学生的学习主体作用，不利于发挥学生的积极主动性，也不利于创造型人才的培养。20 世纪 90 年代以来，随着多媒体和网络技术迅速发展，强调以学生为中心的建构主义学习理论日益流行。这种理论强调在教师主导下以学生为中心的学习，即一种“主导—主体”教学结构。在这种教学并重的结构中，教师是教学过程的组织者、学生良好情操的培养者；学生是信息加工与情感体验的主体，是知识意义的主动建构者；教学媒体既是辅助教师教的演示工具，又是促进学生自主学习的工具。为实现上述教学模式，把人工智能中的智能体技术应用到网络远程教学中，这逐渐成为在教学领域实现智能化的一种主流技术。

（3）智能数据库

随着网络教学资源增加，对其进行组织管理的难度明显加大。同时，进行信息检索的工作量也相应加大。运用人工智能中关于知识库系统的理论和技术，可以提高对网上信息的管理和检索能力。近年来关于数据库研究方面的热点问题之一是数据仓库系统，其中的数据挖掘也离不开人工智能技术。人工智能在教育中的应用有利于学习者认知水平提高。认知是个人关于自己的认知活动过程和结果以及与之有关的任何事项的认知，其实质是个体对自己认知活动的自我意识和自我调节。有人认为，人们对自身思维过程了解和控制的元认知能力，相比单纯的认知能力更能影响到智力，普通教育中往往忽视了对学习者认知能力的培养。人工智能这门新兴的学科应用于基础教育教学中，可以让学习者接触前沿的技术，学习到更新的知识，开阔他们的视野。在学习的过程中，学习者通过意义建构和情境创造，不断反思自己的思维过程，将原来零碎的未成形的知识概念化、形式化和条理化，从而内化为自己的东西，以提高自我的认知水平，有利于培养学习者的创新能力。创新是一个国家和民族的活力所在，人工智能教育由于更加注重个体的个性发展，因而能够最大限度地发挥学习者的潜力，提高学习者的创造性。同时，由于人工智能在基础教育中的应用广泛涉及网络教育，网络教育资源的丰富性及发展的快速性也要求学习者具有创新能力，从而使学习者紧跟时代步伐。智能技术在网络教育平台上得到了更好的利用。网络资源十分丰富，但是资源是以一种无序、杂乱的状态，把这些信息和数据转换成为有用的知识是一项庞大而复杂的工程。人工智能技术应用于基础教育中，可以降低网络通信量，有效获得有用知识点，主动为学习者将网络的信息和数据变成学习者所需的知识。此外，其他一些智能技术，如分布式人工智能等还可以提高网上信息的管理和检索能力，使师生充分利用资源。目前，随着网络计算和信息技术快速发展，人类社会正在走向信息时代，这为人工智能提出了新的课题，如分布式人工智能、因特网及数据库挖掘、智能系统之间的交互与通信、智能系统之间的合作等，而人工智能在基础教育中的应用有利于这些技术的发展。智能技术在教育中既有应用的优势，也有许多不足。因此，应该进一步发展智能技术，使之更适应基础教育教学，更好地为基础教育服务。

3. 智能技术在教育中的应用

人工智能在教育中的实际应用十分广泛。教育环境中常用的智能技术有很多，如专家系统、自然语言理解、知识库系统、分布式人工智能系统、机器学习、人工神经网络等，相应产生了教学设计自动化和教学自动测评等技术。

专家系统是一类具有大量专门知识的计算机智能程序系统。它能运用特定领域一位或众多专家提供的专门知识和经验，并采用人工智能中的推理技术来求解和模拟由专家才能解决的各种复杂问题，达到与专家具有同等解决问题的能力。目前，被大多数人认可的专家系统在教育中的应用主要有两种，即将专家系统作为学习的工具和学习的对象，可以对学生各方面能力培养起到积极作用。

自然语言理解是语音信息处理的一个分支，主要研究使用计算机理解和生成自然语言的理论基础和基本技术。目前的研究主要集中在书面语理解、口语理解及手写文字识别上。在教育中，自然语言理解对学生语文语言学习有很大帮助，尤其是语文词法和语法的基本功学习。

知识库系统的任务是存储记忆全部智能检索所需要的知识，并利用知识库的知识推导出新的知识，又称智能数据库，它广泛应用于网络教育中。运用知识库系统的理论和技术，可以提高对网上信息的管理和检索能力。

分布式人工智能系统不是一个新的概念。分布式人工智能在教育中主要解决教学方式单一、教学内容没有针对性、对学生的关心程度为零等问题。

机器学习是研究怎样使用计算机模拟或实现人类学习活动的一门学科，因此，机器学习的研究同认知科学、逻辑学、心理学、教育学等学科有着密切的关系。

人工神经网络是基于模仿生物大脑结构而构成的一种信息处理系统。在教育中，它可用于图像或数据压缩、字符识别、自然语言处理等。

人工智能技术渗透到教育中而衍生出的一项技术是教学自动测评技术，它是把问题和任务通过计算机终端传给学习者，学习者通过计算机输入设备将问题的答案输入计算机，计算机自动或半自动判断答案并记录分数。教学自动测评既可以用于学习者的自我评价，也可以用于教师对学习者的评价。

（二）智能互联视角的教育设计

物联网、大数据、人工智能引发的智能时代，其显著特点是全地域（教学空间、实验实训空间、创新创客空间、科研空间）、全自动（物联网、自动化、视频、地理信息）、全信息（基础服务属性信息、教育业务过程信息、教学工具活动信息）、全智能（报表、可视化、云平台、共享库、数据库）带来的智能革命。智能化使得信息和工具代替人的重复劳动，从而节省大量的人力，促使教育者集中精力研究并开展作为人的智慧特征的活动，而从信息视角来看，设计是人的智慧活动，排队是信息化的智能支撑，那么智能互联为载体的学习时空的教育设计，今后将对从教育业务角度指导智能互联活动的重要人工智能，发挥不可替代的作用。

1. 从情怀到变量，教育设计原则中的信息视角

与艺术的偶然性和无法预测性不同，设计需要人的智慧，但也是可以学习和能够复制的活动。教育设计与其他设计的规律一致，基本遵循十个特征：革新、实用、美观、易于理解、谨慎克制、诚实、经久永恒、尽可能少、细节一致、环保。从信息视角来看，教育设计可以从理念和情怀转变成信息学的初步解释和基本原则。

（1）革新

教育是改变世界的信息模板，革新原则与愿景原则在信息顺序上是等价的。教育是一种引导，引导本身对学生来说就是一种生长因子和革新。从这个角度讲，革新的教师比革新的内容更能引导学生，而教育设计中的革新就是生长因子和改变学生的信息模板。

（2）实用

实用是正向反馈机制，是实用原则在信息学中的体现。无论是对社会还是对教育设计来说，实用最重要的是教育对社会的一种正向反馈机制，这是实用主义教育的实质。教育即生活，生活即教育指的是学校与课堂的真实映射。在教育的设计思路上，实用是对社会目标和个体目标的不断迭代，而功利是反人性和反个体的信息压制，两者没有共同点。

（3）美观

人之所以需要漂亮的东西，是由于符合人体进化原则的插队效率问题。人类是自然界进化最成功的一个综合信息体，美学是深深地印在人的 DNA 中的一种自然快速兴奋机制，教育设计的美不仅仅是外在的东西，更是信息学的激励措施。

（4）易于理解

也许是由于人类眼睛进化的时间远比大脑进化的时间长且充分，人类眼睛的反应速度远远大于逻辑的处理速度，甚至绕过逻辑直接进入自主神经反应。为什么好的设计易于理解呢？也许是眼睛的反应速度太快了需要与大脑的理解速度一致，因此我们设计的东西要符合大脑的理解逻辑才行。

（5）谨慎克制

设计更多的是调用人的并行的视觉细胞，而人的理解能力更多地调用神经网络多层链接。好的设计要符合人的思维习惯，视觉系统要为大脑留有革新的空间。教育设计要在革新和实用之间留有合适的顺序间隔，防止视觉超前而脑力掉队。

（6）诚实

教育设计出来的信息结构要与教育主体和目标保持高度的一致性，忠于本体、适度遮掩和夸张。

（7）经久永恒

十年树木，百年树人，经久永恒不仅是品牌传播的效率要求，更是教育系统在时间变量上保持存活性的一般规律。存活性一词来自电力，原意指系统能够抵抗一般的故障而不崩溃的能力。人生没有两次，教育不能重来，面对快速变化的热点、思潮，经久永恒的教育信息符号非常重要。

（8）尽可能少

从某个时间横断面来看，时间跨度的存活性如果变成系统短时期的稳定性、脆弱性、抗干扰性，尽可能少的设计是保证教育系统稳定的智慧。

（9）细节一致

信息复制的稳定性来自一致的复制规则。化学有化学键，信息有价值，细节的一致性是繁殖不变形的基因。教育设计从细节上体现文化和价值观，就要求在信息键的组织方式上一致。

（10）环保

一般的设计有修旧如旧、环保的要求，这不仅仅是效率，更是一种继承的规则。教育本身是一种继承，而环保是教育继承的表现。在一个教育设计系统中，当视觉遇到思维的停车场时，思维的化学反应速度远远慢于视觉的光速。这时就要像港湾式收费站一样，放宽自己的视野，按照一定逻辑和顺序组织大脑需要的信息，并尽可能一眼看到更多的有用信息，尽可能按照理解逻辑将信息分成大小车道。尽量少使用一次鼠标，眼睛看到更多有用的信息，并将串行信息尽可能转变成为并行信息。

2. 智能互联为载体的学习时空规划与设计

理解了智能互联为载体的学习时空规划与设计，我们就能从信息视角看待教育设计和从教育视角指导智能互联设计。教育设计中的功能、色彩与标志、风格与创意、灯光与明暗、专业与交互设计、休闲与交流空间，绝对不是美术范畴的内涵，而是教育智能互联范畴的核心。

（1）功能

教育功能设计应该是教育家或校长主导，以教育的信息路径和资源匹配的优化来考虑问题。

（2）色彩与标志

中国古代的对联不仅是一种内容表达，更是一种价值观导向和行为纠正。对称的建筑、中庸的价值观、左右文字和上面的牌匾自然构成行走的人在纠正系统设计。色彩与标志实际上完成了对个体定位的信息表达。

（3）风格与创意

风格是信息的价值函数，是守纪律还是头脑风暴，是有领导讨论还是无领导讨论，是强调梯度等级还是自由民主的氛围，这些都是风格与创意的核心教育要素。

（4）灯光与明暗

为什么麦当劳的灯光很亮而咖啡厅的灯光很暗？是暗示客户离开还是留下？一般深色和暗色诱导安静和留下，而明光暗示节奏和离开，灯光和明暗其实是等候时间的诱导系统。

（5）专业与交互设计

互动、示教、班牌、监控、录播、电子化考场、安防……这些和摄像头、显示屏相关的教育设置的背后是信息表达的交互模式。

（6）休闲与交流空间

不同的交流有不同的信息拓扑结构，如星型、准线型、环形型、双环型、树形型。对于学术报告厅、咖啡厅、创客室、探讨室，不同的要求需要不同的信息设计。

3. 智能互联为载体的学习时空指向规划与设计

除了教育设计中的信息化，智能互联为载体的学习时空设计更应该重视教师、学生、管理者和决策者，不同的教育角色，其信息模式是不同的，他们在不同的场景中关注的焦点也是不同的。

（1）教师视角

教师注重的是活动，支撑一对一的信息化是最好的信息化。教育视角也是一对一教育信息的体现，教师既需要个性化，也需要展示，还需要深度的内容。

①信息个性化。教师希望看到的是：实验室、教室、办公室；教师不希望看到的是：表格、填报、管理；教师希望做到的是：推送、导入、对接；教师关心的是：学生、作业、成绩、报告、考试、测试；教师需要帮助的是：学生情况、分组情况、联系地址、历史记录、学生角色、隐私。

②信息展现。

教师常使用的是：笔记本。

教师常见的展示模式是：El、SCk 参考文献、图表。

教师不希望看到的是：和教学场景无关的东西。

教师希望做到的是：在不同场景看到不同资源。

教师关心的是：课件、设备。

教师需要帮助的是：成绩册。

③信息深度。

教师的价值指向：知识体系。

教师反感的是：管理、浅薄。

教师希望做到的是：自动、帮助、汇聚。

教师关心的是：考核、科研、论文、资金。

教师需要帮助的是：获奖、大赛、汇总、资源池。

（2）学生视角

学生是教育的主体对象，信息化应该为学生提供资源，而资源应该是有效组织的谶语引擎以及导向目标。

①信息个性化。

学生希望看到的是：实验室、教室、院系。

学生不希望看到的是：管理数据。

学生希望做到的是：推送、选择、即插即用。

学生关心的是：作业、成绩、报告、考试、测试、分组。

学生需要帮助的是：资源、社群、教师、科研图层。

②信息展示。

学生常使用的是：手机、iPad、笔记本。

学生常见的展示模式是：地图、触摸、微信。

学生不希望看到的是：敲入网址、鼠标点击。

学生希望做到的是：随时触摸到所有资源。

学生关心的是：作业、协作、共享、摇一摇。

学生需要帮助的是：案例、模板、引导、测试、考试、题库。

③信息深度。

学生的价值指向：学到东西、好玩、协作、比赛。

学生反感的是：无聊、灌输、无用。

学生希望做到的是：见效、反馈、评价、排名。

学生关心的是：作业、报告。

学生需要帮助的是：教学引导、自信心、入门、资源池。

（3）管理视角

管理者关系管控的五项基本要素是计划、组织、指挥、协调和控制，因此，针对管理者（管理员、计划员、实验中心）的信息需求是“学校设备有哪些，这些设备在哪里，这些设备谁来用，这些设备怎么用，这些设备什么时间用”。

（4）决策视角

对于决策者（如校长和院长），最重要的是有用的数据。决策者也有其个性化的信息需求。例如，管理者希望看到的是数据、报表、设备、项目管理；管理者不希望看到的是教学过程、鼠标、空白；管理者希望做到的是对接、灵活、汇总、查询；管理者关心的是查询、报表、资源、汇总；管理者需要帮助的是数据服务、导入导出、各种查询、打印、日志。

第二节　打造个性课程、提升核心素养与推进资源共享

一、打造以内在驱动为主体的个性课程

人工智能时代，随着大数据为互联网信息技术行业带来革命性影响，世界各国尝试利用教育大数据推动教育创新改革，大数据技术正推动着教育领域发生更深层次的变革。推动数据驱动下的教育应用创新，打造以内在驱动为主体的个性课程，已经成为现代教育不可阻挡的趋势。因此，以大数据为内在驱动的教育改革，创造未来教育新形态，是教育信息化2.0时代的发展之路。

教育的终极目标，是通过培育人的主体性，启迪人的精神独立，实现人的个性成长与全面发展。教育的作用就是最大限度地挖掘孩子的潜能，使其智力得到充分发展，教育要走在发展的前面。但是，如今学校教育要做到根据学生的特点及发展水平来因材施教是很困难的。因为学生的成长有快有慢，存在个体差异，那么对于学得慢或学得快的学生来说，这样的教学就给他们带来了问题，一边是跟不上造成自信心受挫而厌学，一边是觉得过于简单而失去学习的进取心。

那么，解决这些问题的途径是什么呢？那就是进行个性化教学，要重视孩子非智力方面的培养，根据孩子的特点来进行教学，进行个性化课程，即有针对性的个别辅导是非常有用的。

（一）个性化课程概念

个性化课程说是心理学派提出来的，一些心理学派教育专家认为：所谓个

性化课程就是弘扬、发展和优化学生独特个性的教育。个性化课程就是要使学生具有个性，帮助学生发掘、形成和发展个性；就是教育者承认学生在社会背景、智能背景、态度价值、情感和生理等方面存在个别差异的前提下，做到既“有教无类”，又“因材施教”，使每个学生都得到全面发展。由从古至今对个性化课程教学探讨可知，个性化课程教学对个人、社会的发展起着不可估量的作用，通过个性化课程教学，能够极大地促进个人的发展以及日后个人对社会的贡献。要达到为每个学生提供适合的教育的目标，就有必要借助于个性化课程。唯有如此，才能保证在学生全面发展的基础上，充分发挥蕴藏在每个学生身上的独特潜能。

个性化课程是以学生为中心的教育，它以承认学生的个性差异为基础，倡导满足学生的个性需求、挖掘学生的个性潜能、实现学生的个性成长与全面发展，是对学生作为教育主体的充分尊重，也是对高等教育本质的深刻认识。个性化课程致力于学生全面发展与个性化发展的结合，强调全面发展基础上的个性化发展，契合了当前高等教育改革的精神，是提升人才培养质量、推动高等教育内涵式发展的有效突破口。个性化课程的现实依据可以概括为三个方面：第一，社会对人才的需求是多样的，打破整体划一的教育，是时代发展对教育提出的新要求；第二，每个学生的心理素质、能力特长等都必然要求通过有差别的教育满足学生的不同需求；第三，每个学生的成长路径和成长条件均有所不同，个性化课程能够为学生提供多元化的教育内容、教学方法，实现多样化人才培养的目标。

（二）个性化课程设计的实践运作模式

个性化课程的实践是必要的，对个性化课程设计的实践运作也是一个颇有深度的项目。在大数据的引领下，针对个人的个性化课程应当从数据出发，在数据中去发掘学习者的个性特点，发挥学习者的特长和爱好。

首先应当进行数据收集与记录。对数据收集即是数据挖掘。在大数据时代，个人在生活中离不开数据支撑，比如浏览网页、使用校园卡、图书登记，对个人在这些方面信息的了解，可帮助理解学习者个性化的思维方式，指导收集者发现学生的潜在兴趣点。对个人行为数据收集可以利用已有的软件进行。当然，也可以利用对学习者校园卡信息掌握、学习者网页浏览情况掌握、学习者网上学习情况掌握、学习者课业情况综合掌握，在数据收集软件中，形成个人数据地图，指引学生兴趣点。

数据信息收集是第一步，对收集来的信息如何处理呢？这就要进入个性化课程设计的第二步，分析、处理收集的信息，进行个性因素分类。在数据急剧增多的时期，应该重视对数据库的建立。在庞大的数据群体中，对数据进行有效排列并分析，就能够及时提取信息，对收集来的信息进行匹配。在这一步骤里面，前提是对相关数据库建立，然后按照数据库建立—信息整理—信息匹配，即个性信息库—个性因素整理—个性因素匹配三步流程，对数据进行分析、处理，归纳出数据所反映出的学习者学习行为所形成的个性点，为学生个性化定位，形成个性手册。

在进行完数据分析与处理，得到学生的个性因素，并在数据库中找到匹配归类之后，就要进行课程的匹配了，这是课程搭建的第三步。在这一步，就需要对数据库中相关的个性因素所匹配的课程及其学习效果进行一一匹配，找到相类似的课程和人员，并结合这些人员所提供的数据信息，对学习者的课程进行匹配，为学习者制定课程，通过先前学习者的学习效果，测试学习者的学习行为信息，给出学习效果预测，并给出对以往学习者失效处的改正意见，使学习者有一个能够匹配已有经验的课程安排。

除了根据个人兴趣爱好所制定的个性化课程以外，还有一些诸如根据学生反馈、学生知识掌握分布的不同而制定的个性化课程。例如，互联网上的某系统为提高用户学习效率，改善学习效果，用户将参照自身知识水平以及测试结果，由系统生成个性化学习路径，用户依照路径进行学习和测试。知识模块按照三级知识点的粒度进行分割，提高用户对于自己学习情况的认知与把握。用户通过选择与测试确定要在系统中进行的学习范围，之后通过课前测试确定在此范围中的学习路径，学习路径由章和知识点组成，每部分均包括视频、资料与测试，根据测试的不同结果来对路径进行调整。形成一份初步的课程计划后，需要对课程计划进行评价和调整，然后才能投入运行。对个性化课程的初步成果，应该得到三方面人员的评价。

一是课程专家。课程专家是对课程有着理论知识的科研人员，他们掌握着深厚的专业知识，对课程设计能够提出理论上的建议，并且多年的专业研究带给他们丰富的经验，对课程设计能够提出实质性建议。

二是课程教授者。这一类主要是教师，教师是知识经验的传播者，常年接触一线教学，具有丰富的教学经验，对学生的心理掌握也是非常到位的，因而，依据学生个性来评价课程也是他们的一个优势。

三是学习者。学习者对自己的学习行为、思维兴趣有着自我感知，对课程设计也是具有发言权的，一个成功的个性化课程设计离不开学习者自己的评估，这也是对课程设计的数据进行证实的一种做法。

在三者的联合评价下，对课程进行调整，最后形成个性化课程并投入使用。之前在在线教育领域，关注学生群体和教学环节的应用层出不穷、五花八门，但是最近出现了面向教师群体的工具。教师能够以日视图或周视图的方式展开课时排期，了解自己当天或当周的教学安排。如果遇到临时请假，其他的代课老师也能依据分享的教案来代讲。通过这个工具，教师能够便捷地设计属于自己的教学方案。

二、提升以项目学习为路径的核心素养

项目化学习由来已久，近些年来，国内也有探索，但多在拓展型或研究型课程中进行，还没有成为课堂教学的常态。学生在学科课程中习得学科的能力，但是这种能力不应该只在这门课程中才有运用价值，不应该只在考试中才有价值，而应该成为自己在未来解决更复杂的跨学科的真实问题的基础。学科项目化学习应该是双线并行的，也就是学科素养和跨学科素养融合。

核心素养与 STEAM 教育，是当今国内外两个热门的教育议题。STEAM 教育源自 STEM 教育，是当今国际探索 21 世纪人才培养的一种教育理念与举措。核心素养的提出，象征着 21 世纪人才培养目标范式转变。我国根据国家发展对人才的要求，提出了人文底蕴、科学精神、学会学习、健康生活、责任担当、实践创新六大学生发展核心素养，树立了我国 21 世纪教育立德树人的风向标。在培养学生的核心素养方面，云智能教育参考借鉴了联合国教科文组织已有的经验。核心素养是使个人过上他想要的生活和适应社会良好运行所需要的素养。人工智能时代提升以项目学习为路径的核心素养，需要创设基于生活需求的活动情境，让学生围绕“项目选题—项目规划—探究活动—项目实施—成果交流—活动评价”的项目学习主线开展学习活动。在这个项目中，领悟和体验人工智能在信息社会中的重要性。

借鉴国内外 STEAM 教育已有成果与经验，立足于提升我国学生发展核心素养，在此建议两种以校为本的 STEAM 教育实施途径与策略：嵌入学科课程的多学科整合和作为独立项目的跨学科整合，供大家商榷。

（一）以学科课堂为阵地的多学科整合实施

整合，是 STEAM 教育的实施要点。整合的目的，在于为学生提供逼近真实、富有现实意义的学习情境，以利于学生高级思维与积极情感投入，解决复杂问题，提升核心素养。

多学科整合，是指带有学科痕迹的学科之间学习内容、学习方式以及学习结果等方面的整合。尽管各个国家和地区因地制宜而开展的 STEAM 教育不尽相同，但绝大多数国家和地区都认为，在学科课堂中开展“STEAM +”的多学科整合，是 STEAM 教育培养学生核心素养的主要途径。

1. 以综合性的内容来组织教学

较为简单的多学科整合，就是以各自学科内容为主来整合其他学科内容，从而以一定的综合性内容为学生提供 STEAM 教育。例如，在科学课堂上让学生合作制作一本月相日历，以科学概念月相学习为主，整合工程、技术、数学和艺术的学习；在美术课堂上让学生为一棵枯树增添叶片，以绘画活动为主，整合科学、数学、工程与技术学习。

复杂一些的多学科整合，是以联系现实生活的综合性主题来整合多学科内容，从而在各学科课堂中为学生提供相应的综合性内容开展 STEAM 教育，健康与疾病、自然资源、环境质量、灾害以及科技发展前沿等，都是备受推崇的综合性主题。例如，就健康与疾病这一主题，可以选择个人健康、突发事件以及营养等问题，也可以选择一个地区或国家的疾病控制、食品选择、社区健康等问题，还可以选择全球流行病、传染病传播与控制等问题，整合科学、技术、工程、艺术与数学的学科内容，创设各学科课堂教学情境与学习任务，共同培养学生发展核心素养。

2. 以实践性的活动来开展教学

动手动脑的实践，是 STEAM 教育的一大特色，也是多学科整合实施的主要教学方式。这些实践，既有类似科学家开展的科学探究，侧重于揭示科学原理与规律，解答为什么的问题；又有类似工程师为满足某一需求而进行的工程设计和建造等活动，解答怎么用的问题。或者说，这些实践，都是基于问题解决的活动，都在围绕问题开展取证、解答与评价这基于证据的解释。

提升学生发展核心素养的 STEAM 实践活动，其取证过程，就是通过观察、测量以及实验等活动收集用于解释科学问题或者解决设计问题证据的解答过程，是运用已有理论和模型去建构新的理论和模型，形成科学解释的过程，或者产生新的设计和样品来论证设计方案的过程。而评价则贯穿于取证和解答的过程中，需要运用批评性思维来开展基于证据的科学辩论或利害权衡与折中，以确定解释和设计中的不足，从而给以修正。

3. 以产品化的成果来评价教学

以产品作为学习结果，是教育的另一大特色，可整合多学科的学习与评价。STEAM 教育活动结果的产品化，可有效地将技术和工程整合于科学、数学以及艺术等学科的学习之中。另外，组织学生对结果开放的产品进行多元化评价，也可提升学生创新意识和核心素养。

在评价内容上，评价者不仅要关注学生对学科知识的深度理解、科学性解释及其迁移运用，还要关注学生的技术与工程素养、人文与艺术素养。例如，围绕技术与工程素养的评价，要评价学生在产品制作中运用、理解和评价技术的能力，包括学生对技术和社会、设计和系统、信息和通信技术等的认知，以及理解技术原理、制订方案达到目标和交流合作等能力。

在评价方式上，评价者要尽可能地多采用真实性评价，鼓励学生以优化的多媒体来操作、展示自己的产品，并鼓励学生自评与互评，切实以评价促进学生发展核心素养提升。

（二）基于项目学习的跨学科整合实施

跨学科整合，是将真实生活中的问题融入学生对社会、政治、经济、国际化以及环境等问题的关注与学习，不带有明显的学科痕迹。例如以全球变暖来进行 STEAM 教育，在内容上包括对全球变暖的科学性解释，涉及学生对大气、能量等科学概念的理解；包括认识人类活动如何影响大气，涉及学生对人类活动、经济与环境之间关系的理解；包括理解各国政府机构及其制定的政策对全球变暖的影响，涉及学生对社会、政治、经济和国际化等的理解。

由于跨学科整合创设的内容领域较为宽泛，问题情境也较为复杂，一般都采用项目学习的方式来开展 STEAM 教育。目前我国部分高校也采用了项目学习，单独配备师资与课时，将 STEAM 教育作为一类校本课程，让各年级部分学生或某一年段全体学生参与学习。与过去的学校科技小组活动相比，着眼于提升学生发展核心素养的 STEAM 项目学习更加重视真实问题、现实意义、复杂情境、综合实践等在学习中的重要性。

1. 进一步加大信息与通信技术的运用

信息和通信技术运用能力是 21 世纪知识经济时代人才所不可或缺的能力。借助现代技术设备开展高效率的交流，利用数字化工具和网络工具获取信息并开展信息研究，运用数字化开展设计复杂问题的解决方案等。学生掌握信息和通信技术能加快学习和知识、进化速度，能提升发展核心素养，因此，高校要充分地利用学校各种数字化设备，尽可能多地创设机会让学生结合信息和通信技术开展 STEAM 活动。例如，各级各类学校可进一步推进基于信息和通信技术的创客活动，让学生制作一张电子节日贺卡、一个数字化家史馆或校史馆等，让学生体验作为创意者、设计者和实践者的角色。

2. 进一步加强技术与基础教育

在学生 STEAM 项目学习中加强技术与基础教育，不仅是为了提高学生的技术与基础素养，还要促进学生了解世界。例如，让学生设计并制作一组可供宇航员工作生活的太空舱模型，或者是可供人类生活于海底或沙漠的社区生态舱模型。学生在建造这些模型的过程中，不仅要运用学科的知识和能力等，还要设身处地地考虑人员的文化背景、生活习性、伦理信仰、人际交往等问题，从而能进一步理解人类之间、人类与自然之间互动，加深对科学、技术、工程与社会、经济、政治之间关系的理解，从而更好地提升核心素养。

人工智能时代提升学生发展核心素养，需要师生每一堂课的积累。努力发动全体教师协同合作，学习研究、积极实践 STEAM 教育理念和教育方式，开展以校为本的多学科整合和跨学科整合，是推进 STEAM 教育提升学生发展核心素养的当下良计。

三、推进以公平优质为方向的资源共享

人工智能可以通过传感器快速、准确检测学生的心理和生理状态，可以通过数据分析学习者的特征。

加强优质教育资源开发与应用，建立开放灵活的教育资源公共服务平台，促进优质教育资源普及共享。在人工智能时代教育应用体系中的资源层就是为此设计的。

人工智能时代教育技术的优势，将其应用于数字教育资源建设领域，这对于实现各地区共享优质教育资源具有重要应用价值。各地区、各学校都可以参与数字教育资源建设，将各自建设的优质数字教育资源统一存储于智能技术平台，再由指定的教育部门对所有资源进行整合分类，最终建成大型数字化教育资源库，从而能够顺利实现所有地区的学校共享优质教育资源。利用这种“公平优质共建共享模式”建设的数字化教育资源库，汇集的资源都由来自全国各地的优质教育资源整合而成，资源的质量相对较高。各地区不必重复建设大量的教育资源，可以直接选用资源库中提供的优质教育资源，因而有利于降低教育投资成本。而且，学习者只要具备任一款能够联网的云终端设备，数字化教育资源就可以随时为学习者提供资源服务，便于学习者开展个性化的自主学习。总之，人工智能时代结合以公平优质为方向的资源共享。一方面能够满足各地学校对优质数字教育资源的迫切需求；另一方面对推动智慧教育的深入开展和提升我国的基础教育质量具有重要意义。

资源共享是依据一定的标准和规范将多媒体素材的教育资源进行收集、加工和处理，为开展智能教学提供资源服务支持的系统。全国各地的学校都可以共享教育资源库中的优质教育资源，来开展教育教学工作，它不仅能够为教师

开展智能教学，提供优质教育资源，还可以提供基于学习者自主学习的教育资源服务。

利用计算机技术构建的数字化教育资源，能够克服以往教育资源存在的不足，更能适应信息化环境下教育教学的需求，它具有以下鲜明特点。

（一）资源丰富、形式多样

人工智能时代的资源共享，提供了多种不同形式的教育资源，包括目前高校的各类课程资源，既有满足教师教学需要的课程同步教学资源，也有适合学生自主学习的课程同步学习资源、课外拓展学习资源等。而且，资源呈现形式多样，既有基于虚拟现实技术的实验资源，也有视频资源、动漫资源和网络资源等，如此丰富的教育资源通过不同的形式呈现，能够充分满足教师和学生的多元化需求。

（二）内容新颖、富有特色

教育资源是一个庞大的资源服务支持系统，它由来自各地区的资源建设者共同设计管理，资源的内容时时刻刻在更新，因而资源的共享能够保持内容的新颖性。而且，各地建设的数字教育资源往往反映了不同地域的教育特色，所以整个教育资源特色鲜明，能够充分满足各地学校对不同类型教育资源的需要。

（三）共享面广、使用便捷

利用计算技术的优势构建的教育资源具有强大的共享能力，可以同时满足全国各地学校对优质数字教育资源的需求。用户只要使用任意一种云终端设备，通过联网就可以随时获取教育云资源库中的资源，方便快捷。例如，教师可以获取教育资源来开展智慧教学活动，学生可以通过智慧电子书包获取教育资源进行自主学习。

（四）智能检索、互动性强

教育资源能提供智能检索服务，用户可以通过任意一款云终端设备进入资源库主界面，利用智能检索功能快速查找自己需要的学习资源。同时，资源库还具有互动服务功能，如在网络服务资源中提供教学论坛等服务，可以满足不同学习者之间网上交流的需要。利用这种服务功能，同学之间能够通过协作学习的方式共同完成某一主题的学习任务，教师也可以及时帮助学生解决在学习中遇到的问题。

教育资源的内容非常丰富，它不仅包括日常教学所需要的一系列教学资源，还包括与教育教学相关的其他类型的数字资源。

（五）课程同步教学与学习资源

本资源的主要服务对象是教师。可以开发课程的备课资料、教学课件和教学素材，以及教学设计案例等。本资源的主要服务对象是学生。开发与我国现行不同版本教材同步的学习资源，包括名师教学视频资源、习题库和课堂笔记资源。

（六）课外拓展学习资源

本资源的主要服务对象是学生。开发现行各个年级同步的课外拓展学习资源，内容形式要多样化，要能够符合不同年级学生的认知特征和学习需求。具体内容包括与教材相关的拓展学习资料，或是当前社会的一些热点知识及有关人文社科的热门学习话题。

（七）仿真虚拟实验资源

本资源主要为教师开展实验课提供服务，也可以供学生自主学习实验课程使用。开发与现行各个年级相关学科同步的实验课程资源，内容包括课程教学中的主要实验，利用虚拟现实技术制作虚拟仿真实验资源。

（八）德育教育资源

本资源主要为学生的德育教育提供服务。采用学生自主学习、教师或者家长指导学生学习的方式，它包括德育教育内容，可以是将德育有关的小故事或者以道德模范的先进事迹为题材的视频资源，可以将历年“感动中国十大人物”的视频内容纳入其中，还可以是与德育教育有关的动漫、电影等。

（九）教育游戏资源

本资源的服务对象主要是学生，让学生能够从游戏中接受教育。这些游戏必须具有教育性，可以通过开发一些励志类教育游戏或者知识类教育游戏达到这一目标。例如，以中国古代的成语故事、经典传说或者历史故事为题材开发相应的教育游戏，让学生在游戏中学习我国古代的历史文化知识。

（十）教师培训资源

本资源的使用对象是教师，为促进教师专业发展提供服务。内容包括当前先进的教育理论、教学理念和教学方法，以及基础教育课程改革的相关内容和部分教育发达地区的教改经验总结，也包括国家级名师的示范课、多媒体设备的使用方法等。内容主要以视频资源的形式呈现，以便于教师培训学习使用。

（十一）网络服务资源

本资源将结合基础教育的课程内容，开发相应的网络教育资源，为教师教学和学生学习提供服务，为师生之间、同学之间、老师与家长之间等多方沟通交流提供便利。

数字化教育资源的服务模式多种多样，大致可以分为以下三类。

公益性资源服务模式：基础性教育资源由政府投资建设或购买，用户无偿使用。

导向性资源服务模式：个性化教育资源和部分通用性强的优质商品化教育资源由地方教育行政部门进行认定，以低价或免费的方式为辖区内师生提供服务，根据师生使用情况给资源提供者付费或给资源使用者补贴。

商业性资源服务模式：商品化教育资源由教育行政部门评估准入，教育平台提供服务，让消费者能够方便地找到其中意的优质教育资源并消费。通过市场调节，让企业投入建设优质教育资源能够有良好的回报，推动实现优质教育资源建设的良性循环。

人工智能时代，基础教育信息化是提高国民信息素养的基石，是教育信息化的重中之重，实施优质数字教育资源建设与共享是推进教育信息化的基础工程，也是智慧教育应用体系的关键环节。推进以公平优质为方向的资源共享，则是我国基础教育信息化的一项伟大的系统工程，它对促进基础教育教学改革，提升整体教育质量，实现我国教育跨越式发展具有重要推动作用。人工智能时代教育正在拆去传统教育的时空围墙，改变传统的知识传授方式。人工智能时代的到来，使得优秀的教育资源向更广泛的群体扩散，让更多人分享知识成为可能性，最大限度地实现了教育民主和教育公平。无论你在全世界任何角落，只要拥有智能技术，都可以聆听全世界最优秀的教师讲最好的课。在传统教育中，由于优质资源有限，许多学生受到所在高校、专业、院系的限制，不能随心所欲地选择自己喜欢的课程，更有很多人没有机会进入心仪的高校接受教育，而在线课堂的开设则让学生可以不受时间、空间、所在学校、专业的限制，不受身份、地位、年龄的限制，选择自己喜欢的课程，让以往学习过程中的不可能变成可能。网络课程大规模开放性的特点，使得它与传统课程一次只能接受几十个或几百个学生听课的情况不同，一门课程动辄上万人，甚至几十万人听课，并且通过网上完成，极大地提高了知识传播的效率。

第三节　学生发展

人工智能技术能够重建和提升师生关系、重塑学习和协作方式、缩小长期存在的平等和可能性鸿沟，并提供适应性体验以满足所有学习者的个性化需求。

一、人工智能时代的教育样态预测

当我们讨论每一轮技术革命对行业的作用时，一般会从冲击、影响和应对入手。工业革命的来临伴随着的是模式化学校诞生，专业教师的诞生，考试制度和评价制度诞生，高校基础教育体系诞生。教育不是技术革命的世外桃源。即使在相对稳定的技术社会环境下，对技术的掌握程度也冲击着传统的教育。人工智能的发展成熟，远不止上述的简单技术应用，对传统校园、教师、管理的冲击和影响将是深远的。

（一）人工智能的教育本体：教育的变与不变

从本质上讲，人工智能技术是信息革命的集大成者。信息技术革命越来越快，概念越来越多，没有停止的迹象。但从近 10 年来看：大数据、数据科学、生命信息、工业 4.0、物联网、新硬件时代、机器人、“互联网 +”、人工智能，表面上概念你方唱罢我登场，但内在逻辑一直没有变——从单项技术走向全面融合，从局部应用走向全面工具化，而人工智能至少在目前看来是集大成者。硬件上物联网的成熟、软件上高可用性和动态数据库的成熟、生物学上神经科技的进展、数学上网络算法的应用、材料科技上纳米和感知材料的进展、信息科技上芯片和云技术的快速进步，从物理世界到混合世界再到比特世界，人工智能技术刚刚开始，但人们基于过去工业革命的经验，明确感到这是临界点的来临。

STEM 成为后人工智能教育的不动点。应对科技的变化，教育的变革一直在进行且与科技发展互为因果。科学、技术、工程、数学（STEM）构成了工业时代（数理化）和后工业时代（文科、理工科）中的不动点。不动点对于系统的稳定性和概念的一致性非常重要，在目前的 STEM 教育，不动点不仅仅是一个概念，而且是旧技术时代向新技术时代过渡的不动点。在这个不动点体系中，新的侧重开始后，原有的教师和学科体系的支撑可以平稳切换，不至于导致教学秩序发生混乱。

元学科、应用学科和副科发生结构性变化。人工智能的出现，使得复杂计算和系统计算以及简单的人机交互计算工具化全面超越人，对技术基础这个原有概念的教育分歧越来越大。人工智能视野下，学科概念如果表述成元学科、应用学科与素质学科，那么教育学科概念的持续性还能以最大公约数继续运行。元学科在今后的教育中更加重要，且作为筛选人的条件，而应用科学学科，将重视项目式学习、体验学习，成为培养人的目标；社会科学将来的重点在于综合应用、批判性思维学习，更加重视学科的来源和发展；综合素质类将从副科走向前台。

（二）人工智能技术对学科的影响：越理性，越感性

外语：工具性的外语逐渐失去市场，形式节奏上的美学、逻辑学角度的词源学、社会学角度的语言学、心理学角度的语义学成为外语复兴的落脚点。另外，似乎从来没有人将计算机程序当作外语来教，事实上，随着工具性外语被人工智能取代，计算机程序语言很可能成为一种外语，而很多软件人才是学外语出身的，也在不断印证这个结论。

语文：可以预料的是，随着工具性的人工智能出现，原先学习语文工具性的方法（如语法）逐渐退出语言学习（包括外语），而作为母语的语文之所以在工具化人工智能时代还得到重视，重要的也许是仪式感的表达：回到经典，回到表达，回到应用，回到美学。

除了以上学科教育的重点随着技术经济的发展必然发生变化外，学科学习醒悟和内在逻辑将更加重要，学科历史、学科逻辑、学科故事将替代题库训练，因为作为计算的精确性除了用于特殊人才培养外，将让位于工具和人工智能，而人要考虑体验和持续学习的兴趣与逻辑。学科学习之间还将朝着融合的方向发展；应用学科和元学科的分离意味着应用学科更加朝着整合的方向发展；地理、生物、科技等融合课程，朝向综合应用发展。

（三）人工智能技术对教育技术的改变：从工具到空间

随着人工智能的发展，也许目前眼花缭乱的信息化将隐身后台。课堂上也许看不见信息化了，师生在课堂层面的体验将会越来越好，越来越贴近自然条件。看不见计算机的信息化，距离教育更近而不是技术更近。

学校之所以存在是因为它为学生模拟了一个高度抽象的比真实世界还真实的教育世界。因此，未来的校园从改变世界的信息模板角度，将更加强调与客观世界互动、映射和高度抽象。

与学生相对应的教育行为画像，将侧重联系社会、联系科技、联系家庭、联系团队，从重复性劳动变为创造性劳动；学校的管理行为将演变成支撑技

术：支撑数据，支撑品牌，支撑环境。今后的教育将出现越来越专业和自由的教师，越来越职业的校长。

在教育政策上，由于全国性的数据和人工智能的使用，教育测评将更加专业化、教育本体化（而不是被测评机构和排名左右），教育选拔将更加科学化和长期化，短视模式随着计算方法和智能评估的进展而迅速被迭代。即使仅从功利教育的目标来看，教师个体经验也逐渐让位于人工智能和大数据，教育中心从教育哲学属性逐渐走入教育科学属性；而教育筛选功能，重心逐渐转向教育培养功能，个体成功的培养目标逐渐转变为未来视角的社会价值角度；教育回归人与人的本质关系和专业培育孵化的社会职能，功利性和工具性减弱，过程幸福成为教育者追求的目标。教育者由工匠逐渐转型为艺人，教师由于工具化的替代将会越来越有尊严和个性，而不是越来越像工具。

（四）人创造的价值逐渐凸显，教育的价值在于创造人

在工具制造时代，如果从质量和精度考虑，机器无疑越来越超过人，然而手工的红木、艺术品、食品，甚至衣服和汽车，比起机器制造的东西，都越来越贵，越来越被人乐于采购。人创造的价值凸显，是体验经济产业升级的一个标志，人工智能时代也不能例外。因为有意思和不可复制，才是人消费的高级时代。

不同于机器代替人重复劳动的趋势，教育与学校会替代机械班级，成为人与人交往的场所，在这个场所中，机器越来越像人并代替人的高级状态，而人越来越摆脱工具性、重复性，更具艺术性和创造性。研究教育历史会发现一个普遍的现象，就是随着工具性增强，反而出现了班级规模缩小和师生比扩大，这也印证了：人毕竟要与人打交道，教育是一个个性化的活动。在学校里，未来的师生比会持续扩大，教育更加不再计较投入产出，而是演变成一种创造性职业。

教育目标要更加集中地体现在教育本身，教育即生长（教育目标就是让教育继续下去）。随着工具化的人工智能代替越来越多的教师的重复性劳动，教师的幸福指数越来越高，更多的和更合适的师生比使得学生得到更加专业的呵护和培养，幸福指数也得到提升，教育让生活更美好的理念逐渐实现。

人工智能的发展趋势必然是少量精英通过复制经验和算法而改变世界，多数人进行创造性劳动而改变自己、改变体验，人工智能的工具化肩负着为人类谋取福利的重任，而学校肩负创造未来人的使命将越来越重要。人工智能刚刚起步，其算法需要人，其目的是为了人。未来，学校、教师不会不重要，只会越来越重要。只不过，学校的价值是什么，教师的价值是什么，由于很多过去

的功能被替代，我们将不断思考，越来越清楚教育的本质，越来越集中于教育本身，其他的就交给技术。

二、人工智能时代的学生素养

随着人工智能与教育融合发展逐渐深入，对教师和学生的素养提出了前所未有的高要求。联合国教科文组织倡议各国在将21世纪必需的技能纳入各自的教育计划时，需要准确定义人工智能，而不是基本的信息和通信技术能力，从而使学习者能够使用计算方法和技术识别来解决问题，我国也提出开展“人工智能素质教育”的行动规划。

信息素养是建立在信息技术基础上的一个多元化、有层次的概念范畴，是集信息技术知识与技能、信息观念与意识、信息伦理与道德、利用信息技术解决问题的思维与创新技能于一身的综合素养，其内涵具有动态性和发展性。信息素养内涵的主要构成要素经过了图书情报、计算机及网络、多种素养归于元素养的不同发展阶段，进入了当前向人工智能时代转型的阶段。图书情报时期的信息素养主要关注“图书情报为基础的信息检索技术和能力”。20世纪90年代计算机及网络的普及应用期开始关注通过计算机和网络获取、评价、处理、利用信息在解决问题和决策中的作用。21世纪“互联网+”的广泛深入发展，使人工智能得到迅猛发展并影响深远，信息素养不仅关注技术应用，而且更加注重能力和方法的数据素养、媒介素养等元素养，强调利用信息创造新知识，注重信息交流能力和解决问题能力。

对信息素养的表征、社会、媒体、教育等领域依据自身特征已经衍生出信息能力、媒介素养、数字能力、互联网素养、信息技术素养、数字素养等类似概念，到目前为止没有统一的术语，也没有公认的定义。

当前，人工智能技术引发科技变革，推动人类社会从信息时代转型至智能时代，知识获取和能力培养的方式发生颠覆性变化。技术不再是游离于人类个体之外的辅助和补充，而是以智慧和普惠的形式，人机共存，虚实并行，形成人、物理世界、智能机器、虚拟信息世界构成的四元空间。未来公民的信息素养也需要从数字化、网络化向智能化升级，既要具备熟悉人机深度协作的意识观念，又要具备能够利用人工智能技术解决问题的思维及行为，具备对智能化社会的深度认知，以及应对由此引发的伦理和道德问题的能力。

从信息素养概念和内涵的发展历程，可以发现信息素养已经从强调技术本身发展到重视综合素养或跨学科素养的阶段。人工智能视域下，面对人、物理世界、智能机器、虚拟信息世界构成的四元世界，信息素养应以人工智能素养为核心，是人机共存且虚实并行的知识、能力、素养和人格的全方位综合素养。

三、人工智能时代的学生培养目标

人工智能时代的到来给我国带来难得的发展机遇，能否抓住这个机遇，掌握未来的主动权，关键在于人才。而人才培养的重要一环，就是要看所培养的人才是否具备较高的信息素养。当代学生在社会主义现代化建设中肩负着重要使命，面对信息化社会对人才素质的新挑战，要更新学习观念、学会学习，提高自身的创新能力和信息素养，才能迎接未来挑战。

（一）培养学生信息素养，提高我国竞争力

21 世纪，信息化与经济全球化相互交织，推动着全球产业分工深化和经济结构调整，重塑着全球经济竞争格局。互联网加剧了各种思想文化的相互激荡，成为信息传播和知识扩散的新载体；信息安全的重要性与日俱增，成为各国面临的共同挑战。总之，全球信息化正在引发当今世界的深刻变革，重塑世界政治、经济、社会、文化发展的新格局。信息化最终靠的是人才，一个国家的国民信息素养水平是评价该国信息化水平的重要指标，也是影响该国国际竞争力的最终因素。学生是国家未来发展的中坚力量，他们的信息素养水平在很大程度上决定着在全球信息化过程中我们国家能否在国际新格局中占有一席之地。因此，培养学生的信息素养对提高我国在信息时代下的国际竞争力意义重大。

（二）培养学生信息素养，建设创新型国家

创新是一个民族进步的灵魂，是一个国家兴旺发达的不竭动力，也是中华民族深沉的民族禀赋。在激烈的国际竞争中，唯创新者进，唯创新者强，唯创新者胜。广大青年，要敢于做先锋，而不做过客、当看客，让创新成为青春远航的动力，让创业成为青春搏击的能量，让青春年华在为国家、为人民的奉献中焕发出绚丽光彩。高校是国家培养创新人才的重要基地，是国家高素质人才的摇篮，学生创新能力的培养对我们建设创新型的国家至关重要。而学生创新能力的培养以具备信息素养为前提，没有良好的信息素养不可能实现创新。因此，对学生信息素养的培养是在建设国家创新人才储备库，具备创新能力的学生走上工作岗位后将创新能力和创新精神应用到实践中去，从而为我国建设创新型国家提供重要的人力支持。

（三）培养学生信息素养，构建学习型社会

要完善全民终身学习推进机制，构建方式更加灵活、资源更加丰富、学习更加便捷的终身学习体系。这是世界教育发展的终身化趋势，也是我国构建终身学习体系、打造学习型社会的方向。

学习型社会以全民学习、终身学习为主要特征，终身学习以学习者具备自学能力为前提，终身学习和自主学习都必须以良好的信息素养为基础，这也是国外学界在信息素养的相关术语中将终身学习纳入其中的重要原因。作为全民学习的重要组成部分，学生信息素养培养也就是在培养学生实践终身学习所应具备的品质，能够对构建学习型社会起到推动作用。

（四）培养学生信息素养，深化高校素质教育改革

素质教育的显著特征是主体性（以学生为主体的自我教育）、全体性（面向全体受教育者）、全面性（促进学生全面发展的教育）、发展性（培养学生自我发展能力）和开放性（注重开发学生思维方式）。实施素质教育是开展学生信息素养培养的出发点和归宿，而对学生信息素养的培养则是实施素质教育的重要组成部分，对高校素质教育改革具有积极的作用，能够促进高校素质教育改革深入进行。此外，学生信息素养的培养伴随着教育信息化过程进行，教学手段深刻变革会大大提高学校素质教育的实施效果。总之，培养学生的信息素养对促进高校素质教育改革有着深远的意义。

（五）培养学生信息素养，推进高等教育信息化

教育信息化实现是现代教育的发展趋势，也是我国教育发展的目标之一。良好的信息环境对培养学生的信息素养非常重要，图书馆数字化、校园网建设、远程教学开展等，都是在培养学生信息素养时所要采取的对策，同时也是高校教育信息化的过程，在目标上二者都意在培养学生自主解决问题的能力。所以说，二者无论是就过程来说还是就目标来说都存在一定程度的一致性。因此，高等教育信息化与学生信息素养培养相互促进，必然也会推动高校教育信息化进程。

（六）培养学生信息素养，提高学生的自学能力

培养学生自主学习的能力是高校素质教育的重要目标之一，这一目标要求从学生的角度出发，从“要我学”转变为“我要学”，从教育者的角度出发，从“授人以鱼”转变为“授人以渔”。良好的信息素养是培养自学能力的基础，自学能力获得要求学习者有积极主动获取信息的意识并掌握获取、筛选、整合信息的工具和方法，这正是具有良好信息素养的学习者所具备的能力。通过对知识、信息重要性的介绍使学生树立正确的信息观念，通过获取信息技能和方法训练使之具备过硬获取信息能力，并使他们学会在信息活动中自觉遵守信息道德，可以说对学生信息素养培养就是赋予了他们一个获取自学能力的优良武器。因此，培养学生的信息素养既是培养他们自学能力的必然要求，同时也是培养他们自学能

力的重要内容。

（七）培养信息素养，提升学生的创新能力

良好的信息素养是培养创新能力的基础，可以这样说，没有良好的信息素养就谈不上真正的创新。只有具备良好的信息素养，才能少走弯路，避免重复研究。伴随着高校的教育改革，对学生的要求，从重视知识的识记转变为重视创新能力。创新要有足够的知识积累，知识的积累需要在正确的信息观念指导下，具备足够的信息知识和较强的信息能力才能完成，并且只有遵守信息道德基础上的创新才谈得上真正的创新。所以说，对学生信息素养培养在一定程度上是培养他们将创造性思维变成现实的能力，从而为建设创新型国家提供重要的人力支持。

（八）培养信息素养，促进学生个人的自我发展

信息素养在信息社会中日益成为影响人们所拥有的财富、知识甚至幸福感的重要影响因素。因此，培养学生的信息素养对他们的个人发展非常重要。就眼前来看，信息素养培养有助于大学生就业。个别学生就业不理想，一方面由于他们在选择就业方向上缺乏理性分析，一味盯着那些严重供大于需的行业，没有注意到某些技术性的行业以及其他有发展潜力的行业人才大量空缺；另一方面由于缺乏及时全面关注各种就业信息的意识和欠缺获取、筛选、整理相关信息的能力，不能抓住机会。在这样一个日新月异的社会，各种新型职业和新型产业不断出现，越是最先了解的人越容易抓住机会。对学生信息素养培养，使他们具备主动获取信息的意识和对信息加以理性筛选分析的能力，这有利于他们按照自己的兴趣、专业等及时制订自己的人生规划并适时进行调整，对他们及时抓住就业机会或者自主创业是非常有帮助的。从长远来看，信息素养培养可以帮助学生在校期间更深入地掌握专业知识甚至有所创新，此外还可以促使他们广泛涉猎专业领域之外的信息，这对他们日后的工作生活将大有裨益。更重要的是，良好的信息素养可以帮助他们养成一种自主学习的习惯并获得自主学习的能力，从而使他们获得可以始终保持与时俱进的武器。

综上所述，人工智能时代的学生培养目标，对国家、高校和学生自身都有着重大而且深远的意义。

四、人工智能时代学生素养提升路径概述

学生是一个国家进步发展的主力军，其整体素质决定着国家未来的整体实力和形象。学生面临复杂的社会环境，学生素养提升对学生个人成长成才和社会健康有序发展都有着重要意义。

（一）人工智能时代学生素养的基本特征和构成要素

人工智能时代认识学生素养的基本特征和构成要素有利于更客观更全面地分析我国学生在素养方面存在的问题和多角度探索提高学生素养水平的途径。

1. 人工智能时代学生素养的基本特征

（1）新时代特征

学生素养具有强烈的新时代特征，体现在国家进步层面、社会需求层面与人才发展层面。当前，全球范围内信息技术创新成为一个国家竞争力的重要组成部分，在信息技术提升综合国力方面，我国也加速步入转型升级的关键期。建设经济强国、信息强国和教育强国，都要紧抓教育信息化，重视提升学生素养。在社会主义核心价值观引领下，学生素养教育的导向要符合新时代的社会需求。

（2）工具性特征

通过信息工具掌握信息知识和技能，充分认识信息工具在获取、分析和交流信息过程中的重要作用，是信息素养的逻辑起点；基于良好的信息素养，灵活选择信息工具，解决日常学习和工作中的问题；借助专业的信息工具发现人眼、人脑无法洞察的现象；通过工具整合、数据重构、证据搜集，最终用于创新，这些都属于信息素养的逻辑归宿。在学生信息素养的完整体系中，工具性是一以贯之的属性特征。在信息素养的养成中，有意识地发现工具、尝试性地探索工具、主动地应用工具、创造性地发明工具，都是实现信息素养落地的有效途径。

（3）智能性特征

“教育信息化3.0”是在大数据、人工智能等智能信息技术的基础上提出的，这决定了“教育信息化3.0”时代的信息素养天然具有智能性特征。学生在发展信息素养的同时要特别关注计算思维、人工智能等方面的学习与训练，掌握利用智能化工具解决问题的思维，训练复杂信息情境下的批判性思维，努力成为创新实践型人才。

（4）个性化特征

人工智能时代的学生素养天然具有个性化色彩。研究表明，个性化发展对素养具有较大程度的正向作用。古有“因材施教”，今有大数据支持下的“人工智能定制”，符合学生个性化发展的需求，构建个性化的信息素养框架。个性化的信息素养是一个国家的公民终身学习能力的重要标志，是21世纪人类全球胜任力的重要组成部分。

2. 学生素养的要素构成

（1）意识与价值

知识经济时代与信息化时代并生，知识生产模式发生了翻天覆地的变化，学生也越来越多地用信息的符号表达世界、用信息的方式思考世界以及用信息的手段解决复杂世界的问题，这极大地影响了学生的信息意识与价值观的形成，学校必须充分认识到信息素养在个体终身发展中的作用与价值。

（2）知识与技能

知识与技能是指学生要具备信息知识、技术知识以及信息文化等，并可以利用信息工具完成信息获取、存储、加工、传递和评价，最终创造新的信息。学生的信息知识与技能是信息素养的核心构成。在“教育信息化3.0”背景下，除了基本知识和应用技能之外，学生更需要具有信息化公民处理问题的思维和方法，要将信息化思维、大数据思维和互联网思维内化于心、外化于行，创造性地解决问题。

（3）道德与伦理

道德与伦理是信息素养的首要组成部分，是在具备了信息意识和能力的基础上对学生提出的更高要求，也是基于信息素养实现个人发展的前提条件。在云计算、人工智能、大数据、自媒体和移动自持设备等为标签的“教育信息化3.0”时代背景下，高校的立德树人使命面临着巨大的挑战，困扰学生的信息伦理道德忧患无处不在，网络暴力导致的犯罪案件更让我们警钟长鸣，学生更应在教学和科研中严守信息道德规范，塑造积极的信息素养道德观。

（二）人工智能时代学生素养的养成路径

人工智能时代学生素养植根于信息化的教育环境与资源。尽管影响学生信息素养的因素是多样化的，但世界范围内培养学生信息素养的主要途径是学校教育，其主要形态可以概括为三种。

1. 通识课程形态

通识课程形态的信息素养培养方式，主要由信息技术相关课程、讲座和培训等组成，优点是有助于学生接触大量的基础知识，但片面强调知识面也不可避免地会带来信息理论与学科应用脱节等问题。目前，信息通识课仍然以训练知识和技能为主，导致信息素养在学生专业学科领域发挥的作用不足。未来，信息素养的通识课要逐步调整价值取向，以培养分析力、学习力和解决力为先导，动态选择教学内容以适应新时代的信息能力需求。

2. 专业融合形态

专业融合形态的信息素养培养方式，主要表现为将信息素养有机地融入专业课程内容或科研项目中。随着内容或项目的常态化推进，在需要信息知识与技能的环节重点训练学生的信息素养能力。专业融合形态的信息素养养成模式，是基于主题对信息资源进行重构与整合，涉及多个学科领域或层次类别。相较于通识课程形态，专业融合形态的优势在于有利于学生学以致用，是典型的面向信息素养的深度学习方式，便于导师及时发现问题并给予引导和干预，有利于形成学生信息素养价值观。

3. 服务应用形态

大数据时代，信息素养框架中数据获取与分析挖掘能力的作用变得越来越重要，高校图书馆也在这一变化中担当起日益重要的角色。有大量实证研究充分证明，文献检索及培训除了发挥信息资源服务优势外，还对塑造学生信息素养有显著作用。在学生信息素养培养规划中，图书馆服务既要体现出人工智能等技术引领作用，又要充分发挥图书馆教师的信息道德与信息意识督导作用，不放松知识与技能的根基训练，更要重视信息创新能力的高层次发展。

我国将教育信息化作为推动教育变革的内生力量，支撑引领教育现代化发展，并将学生的创新能力培养提升到前所未有的高度，从而使我国的学生信息素养更具前瞻意识，更具中国特色。

（三）人工智能时代学生素养提升路径

1. 提高网络信息教育的理论高度

当今大学生更多是从技术层面接受网络信息教育，缺乏一定的理论高度和思想深度，这大大影响了学生对于网络信息的辨识能力和敏感度。专业理论课的目的是培养全面发展的人，更容易从思想的高度培养具有独立判断和思考能力的学生。理论性和思想性是高校思政教育的应有之义，教师一般都具有较高的理论水平。将信息素养教育与专业教育结合，用中国特色社会主义核心价值观引领网络教育方向，使网络信息教育从单纯的技术层面上升到思想层面和理论层面，从而拓宽学生信息素养教育的深度和宽度。

2. 扩大信息素养教育的对象范围

信息素养教育是指导学生正确理解、建设性享用大众传播资源的教育。通过这种教育，培养学生具有健康的媒介批评能力，使其能够充分利用媒介信息资源完善自我，参与社会发展。在基础教育专业课上加入信息素养内容，有助于扩大信息素养教育的范围。高校基础教育专业课中应设置信息素养教育的相关内容，让学生接受正规的信息素养教育，从整体上扩大信息素养教育的对象范围，进而提高学生的信息素养水平。

3. 培养学生的主体意识和公民意识

传统的专业课教育模式是以教师为主体，采用的是灌输大于启发的教育方式，这样做不利于培养学生的主体意识，达不到理智生活方面的自知和情绪生活方面的自胜，无法达到“自知者明，自胜者强”的境界。信息素养教育的目的是提高学生对解读信息的控制力，这需要独立、自主、理性等优秀品格做基础。信息素养教育是公民教育的应有之义，将信息素养教育融入基础教育之中，着力培养学生的独立意识和公民意识，是新时代学校教师义不容辞的责任。

4. 信息素养教育融入教育体系的基本路径

第一，在基础教育专业课上设置信息素养教育相关内容。课堂教学始终是学生获取知识的主要渠道，把信息素养教育纳入基础教育专业理论课程体系之中，是提高学生信息素养能力的重要方法。围绕学生普遍关注的热点问题，将信息素养教育纳入学校基础教育专业课范畴，可以通过一些具体的、丰富的、鲜活的案例，特别是针对由网络争议引起的热点事件，运用传播学理论指导学生分析事件背后的真实情况，引导符合社会主义核心价值观的主流网络舆情，进而提高学生对网络信息的鉴别能力。在基础教育专业课上设置信息素养教育相关内容，着重从认知领域、情感领域、审美领域和道德领域几个维度开展信息素养教育，满足学生求真求善的心理，真正做到信息素养教育与基础教育专业教育的良性互动。

第二，基础教育专业课教师要提高自身信息素养能力。繁复庞杂的网络环境会潜移默化地影响学生的价值观和人生观，致使学校基础教育专业工作的舆论导向难度加大，这不仅要求学校基础教育专业工作者具备坚定的专业信念和较高的理论水平，还要深入了解以网络为中心的信息传播机制，了解学生思想观念转变的社会背景，当好人工智能环境下学生思想的“把关人”。

首先，相关部门要对学校基础教育专业的工作者进行定期培训，基础教育专业课教师要通过加强自身学习、参加研讨交流和接受培训，调整知识结构，提高业务水平，掌握现代化的教育思想、教学观念、教学方法和教学手段，并将这些充分运用到基础教育教学实践中，善于将新的信息与课本上的信息有机结合起来，不断了解和掌握本学科及相关学科的新动向。其次，学校基础教育专业课教师要自觉学习传播学的相关知识和理论，深入了解智能媒介信息传播的过程，熟悉媒介信息使用的策略，意识到媒介信息对于个人以及社会的影响，揭示智能媒介的工作机制和传播特点，提高对智能媒介信息的敏感度和辨识批判能力，进而对解读媒介拥有更多的主动权和控制权。同时，基础教育专业课教师要积极探索基础教育专业工作的新途径，善于利用智能媒介建立有效的沟通平台，与学生开展深入交流与指导，从而恢复自身的信息优势和话语权。

第三，改革学校专业教育模式，着力培养学生的主体意识。培养学生健全的主体意识是公民教育的应有之义，也是当今学校专业教育和信息素养教育的共同目的。传统的专业教学以教师为主体，没有让学生真正参与到教学活动中，不利于培养学生的主体意识和独立意识。鉴于此，学校基础教育工作者要积极改革基础教育专业教学模式，在教育理念上重教育、轻宣传，在教育方法上重启发、轻灌输，在教育主体上重学生、轻教师，努力培育学生的主体意识和公民意识，实现从自顾自执、自私自利的“小我”到立人达人、成己成物的“大我”的真正跨越。

第四，重视社会实践，加强与新闻媒体的沟通和联系。与现实世界相比，网络媒介显著的特征是“虚拟”。长期沉浸在网络虚拟世界中，将大部分闲暇时间用于网络媒介消费，通过网络建构自己的思想观念和行为方式，大大降低了学生对现实世界的真实认知，容易造成极端自我内化、心理封闭等心理疾病。基础教育专业的教师要引导学生走出校门，进行人际的社会交往与互动，积极参加社会实践，广泛接触和了解现实社会，增强对社会的责任感和使命感，同时在社会实践中改变对各种网络信息的认识，真正做到让社会实践和亲身经验塑造学生的态度、认知和信念。在各类社会实践中，基础教育专业教师要主动加强与新闻媒体的联系，让学生走进电视台和网站工作室等场所，与媒介信息制作者近距离接触，了解传媒专业人员是如何选择传播材料以印刷、广播、网络等形式将内容传递给受众的。同时，学校工作者也可以邀请一些媒介专家、学者到学校做专题讲座，针对大学生普遍关注的热点问题进行分析，让学生了解信息选择、信息加工和信息传播背后的媒介机制，进而提高学生的信息素养水平。

第五，充分发挥网络组织或社团的作用，加强对网络组织或社团的引导和管理。近年来，一些以网络为平台的学生组织或社团迅速蹿红，越来越受到学生的普遍欢迎。但是学校工作者依然要充分利用好网络组织或社团这块阵地，加强对网络组织或社团的规范管理，引导网络组织或社团朝着健康方向发展。可以通过组织开展形式多样的专题论坛和网上交流，了解学生的所思所想、所感所悟，鼓励学生成立与信息素养相关的学生组织或社团，加强网络组织或社团骨干队伍建设，提高网络组织或社团负责人的信息素养水平，引导学生亲身参与网络组织或社团的使用和管理，了解网络媒介的传播特点与运行机制，培养学生对网络信息的辨识能力，提高学生的信息素养水平，在潜移默化中营造符合主流意识形态的舆论传播环境。

5. 积极推进学校基础教育专业中的信息素养教育

信息素养教育是新时代学生素质教育的主要部分，也是增强学校基础教育专业实效、提升学生综合素养的重要手段。在人工智能环境下，学生信息素养教育对于我国学校基础教育专业来说是一个新的课题，也是一个系统的、复杂的、长久的工程。面对当前日益复杂的信息传播环境，信息素养已经成为现代社会高素质人才所必备的能力。积极开展学生信息素养教育，提高他们对信息的批判意识和批判能力，是新时代学校基础教育工作的新内容、新课题。

第一，提高信息素养教育的实践能力。信息素养教育不能单纯地依靠理论方面传授，只有开展丰富多彩的实践活动才能让学生了解信息的性质和特点，从而提升他们正确认识、使用信息的能力。我们以素质教育为依托，充分利用现有的基础和资源，通过校园广播、校园网络、校报校刊、校园电视等多种校园主流媒体作为实践平台，使学生在实践中了解信息制作机制，熟悉信息制品的生产流程，从而培养他们制作信息制品的能力，增强他们与媒体之间的互动能力。同时利用第二课堂，通过社会实践、社团活动、党团活动等方式丰富信息素养教育的内容。只有在实践中锻炼，学生才能提高信息素养，最终达到全面发展的目的。

第二，加强信息素养教育的理论研究。信息素养教育的理论研究是实施信息素养教育的重要前提。当前我国信息素养教育的研究时间较短，因此在开展信息素养教育的理论研究时，我们需同步开展以下工作：从实际出发，撰写符合中国国情的信息素养教育教材和教学资料，让学生通过教材、资料提高对信息的认识；在学习、借鉴国外现有理论的基础上，建立自己的项目和研究课题，逐步创立符合中国特色的、符合实际需要的信息素养理论体系，并提出适合我国各类学生的信息素养评价标准。

第三，加强信息素养教育的道德教育。在人工智能环境下，网络、手机等新兴智能媒介使我们的生活发生很大的改变，信息平台的互动性、开放性使得学生在一定程度上成为信息的传播者和制造者。学校需在心理学、传播学、专业理论等课程中增加信息素养教育方面的学习内容，促进信息素养教育与基础教育专业的联系与互动，使作为传播者的学生，懂得如何利用媒介来正确表达自己的观点、思想；培养学生具有强烈的社会责任感和正确的信息传播道德价值观，了解信息传播的道德规范、政策法规，养成良好的自律意识，从而规范自己的传播行为。总之，若要加强学生的信息素养教育的道德教育，就要培养学生作为传播者的道德意识，强化他们为自己的传播行为负责的观念。

第六章

智能时代的高等教育

第一节　智能时代对高等教育的需求

人工智能和机器人的发展是人类历史上的又一次技术变革，技术的革新将引发社会结构形态的剧烈调整。人工智能所带来的经济效益并非是均匀的，它既会取代部分人的工作，又会提升部分人的生产力。然而，高等教育培养的人才是这一切的核心环节。

一、教学设置变化需求

（一）构建新的基础教育专业体系

智能技术的快速发展使大量知识和数据得以快速迭代，但教育制度以及教师的知识结构、教学习惯和教育观念的转变需要较漫长的时间和过程，相关教育体系难以跟上知识体系的更新步伐，即显得力不从心。因此需要加快改革基础教育体系，使之适应智能时代的发展需求，要将人工智能服务嵌入基础教育业务流程中，创新教育模式、构建新的教育流程和新的教育结构，以充分发挥人工智能在基础教育专业中的作用。借助人工智能，将当前“以教师为主”的工业化教育模式转型为“以学习者为主”的智能化教育模式。探索和完善新的教学体系和领军人才，加快构建智能教育和基础教育人才培养体系，构建虚实互动、平行执行的平行智能教学和平行教育技术与体系，构建在线学校社群，建立客观、科学的学生综合素质评价系统等。

（二）教育资源、内容更新

技术的发展使教育方式得以不断更新，移动互联网、大数据、云计算、物联网等新型技术已逐渐融入当下学校教育手段中，成为新型工具中的一部分。相比之下，教育资源和内容的更新显得有些滞后。因此，要进一步关注新型教育资源的开发，在鼓励企业或教育机构研发新型智能化平台的同时，关注提供教学与教育管理过程中丰富的多源异构数据、信息和知识。通过解析学生学习行为和教师教学行为，构建学习者学习模型、教师教学模型、相关知识图谱、数字系统等，制作教学过程数字影像，实现精准教学和绩效测评等。

（三）推动校企合作

目前人工智能发展正处于实验室走向市场的关键阶段，急需大量应用型人才，校企合作作为培养应用型人才的一种有效途径，是解决这一领域应用型人才缺口的重要方式。企业可通过与学校合作办学方式，使产业知识融入基础教育学科知识。如企业与学校共建人工智能专业和课程，设置人工智能相关学科课程和人才培养方案，参与学校实验室与配套环境的构建。学校教师和学生则可通过参与解决企业在产业发展过程中遇到的相关问题，而将学科知识运用于实践，实现理论与应用相结合。

二、人才需求

（一）人工智能领域劳动力需求

人工智能的发展必然导致人工智能相关专业的增设。新技术可以消除岗位，但不能消除工作。这种情形可以被称为“技术性失业”：一种适应不良导致的短暂过程，也是人类发现节省劳动力方法的速度超过发现劳动力新用途的速度的结果。百年前的岗位只有很少保留到现在，但人们并没有因大量岗位的消逝而找不到工作。

人工智能和机器人技术的发展引起庞大的劳动力需求。在过去几年，全球AI人才需求量逐年递增，全球人工智能人才储备缺口巨大。除技术开发外，人工智能还将催生众多辅助型职业，比如人造人格设计师、数据标记员等。被替代的低技能劳动力将有很多机会获取新工作，前提是他们接受新的技术培训。

人工智能正在促进社会发生转变，这种转变比工业革命发生的速度快，规模大。但风险同样也意味着机遇，正如工业革命没有减少人们的工作，人工智能也将会创造新的岗位。

实际上，工作岗位只是发生了结构上的调整。工作岗位正在分化为两种常规职业：第一种即高薪水高技术的职业（建筑师、高级管理员），另一种是低薪水低技术的职业（清洁工、快餐员）。也就是说中层技术的工作（例如制造业）正在消失，而低等和高等工作在扩张，经济学家所担心的也只是“职业两极化”的风险。人工智能不会导致大规模失业，但它会像之前的技术扰乱劳动力市场一样，要求工作者比以往更快地学习新技能。ATM 并没有摧毁银行的岗位，而是改变了银行雇员的工作组合，让他们远离了日常任务，进入到了机器不能做的销售和客服领域。

（二）人工智能领域高技能、高创造性人才需求

技术进步在其飞奔向前的过程中注定会把一些人，也可能是许多人抛在身后。但是自动化同时也带来了很多显而易见的好处，比如提高了药物生产的速度，加强了高速公路的安全，提高了医药诊断的精确度，降低了材料成本，提高了能源利用率。

智能时代要求高校在人才培养上提升质量。新技术的支持使得菜单式、个性化人才培养方案有了可能。在自动化和人工智能时代，创意/创造性、社交技能/情商，对于劳动者来说最为重要。在商业沟通中，如今的客户已经厌烦那些充满各式表格和数据的传统研究报告，要说服他们，得用更加艺术化和更吸引人的方式来表达。在未来，律师助理会大批下岗，但律师会越来越吃香；演员依然独一无二，他们需要在把握不同角色关系中，通过表情和肢体动作，来展现情感和个性的广度和深度，这些都是人工智能目前所无法企及的；尽管各种自动化写作软件层出不穷，但那些擅长撰写深度报道的记者依然稀缺。

简言之，那些需要艺术、直觉、灵感和高度性格化、涉及人际沟通、情感交流的职业面对人工智能的风险敞口较小，而具备娴熟社交技能和充满创意的人将是今后的大赢家。未来每部署一个机器人，会创造出 3.6 个岗位。高技能型劳动力的需求将呈上升趋势。

其一，高技能型岗位不会受到人工智能大规模影响。人工智能基于深度学习的算法在理解语言、图像方面的能力还略显不足，当前也不具备跨领域综合考虑问题的能力。一些需要应对动态环境的任务以及创造性任务尚未能或者根本无法实现自动化，比如教师授课、画家作画。其实当前本科或更高学历的人所从事的工作几乎都不能完全自动化。

其二，某些旧岗位增添人工智能相关的新内容。其他行业未被完全自动化的旧岗位将与人工智能结合，从而需要添设新的职位。比如金融行业中专注于人工智能领域的投资分析师、机器人产品销售和品质管理岗。

其三，某些旧的职业因人工智能发展而产生更大需求，比如高端服务行业岗位。人工智能将带来生活水平的一次飞跃，对高端个性化服务的需求会激增，精神方面提升的需求也会被放大。创意工作、技术类工程师、管理类以及

社会互动类的岗位需求在未来将会明显增长。

（三）人工智能实用性人才的需求

在人工智能的初期阶段，开发工作至关重要，它跨越多个行业和技能水平。最直观的现象是，将这些能力投入现实世界实际使用的高技能软件开发人员和工程师的需求可能会非常大。此外，人工智能在一定程度上实际与其背后的数据一样，因此，生成、收集和管理相关数据以满足人工智能培训流程的工作的需求可能会增加。

近几年，社会需要的AI相关人才大幅度增加，目前对有机器学习技能的人才需求最大，其次是深度学习。机器学习人才需求也是这两年增长速度最快的。

AI人才需求爆发式增长主要由深度学习、算法工程师等高层级岗位拉动，基础通用岗位的需求则相对稳定。在未来，国内外顶尖人才、国家级领军人才、省级领军人才需求还将保持快速增长，不过随着人才基数不断上升，整体增速将逐渐放缓，而高级层岗位需求将持续上涨。此外，目前人工智能人才供给最多的为“数字蓝领”人才，应用和算法类人才较为紧缺；科学家类人才则高度稀缺，但这个群体主要开展前沿研究型工作，甚至与产业实践有一定距离。因此，目前和未来一定时期内，应用和算法类人才将主要负责将人工智能的理论和方法落地，找到应用场景，真正驱动传统产业变革。

（四）人工智能风控人才的需求

人工智能有可能带来以下几点安全问题。第一，技术或管理缺陷导致的安全问题显示人工智能系统当前还不够成熟。某些技术缺陷导致工作异常，会使人工智能系统出现安全隐患，算法设计有误或者算法歧视都有可能招致有害的后果。第二，未来的超级智能引发的安全担忧。人工智能可能自我进化出类人的自我意识，从而对人类的主导性甚至存续造成威胁。对人工智能不加约束的开发，会让机器获得超越人类智力水平的智能，并引发一些难以控制的安全隐患。第三，侵犯隐私。智能系统不仅能通过指纹、心跳等生理特征来辨别身份，还能根据不同人的行为规律来判断喜好、性格。云计算的广泛应用也使公司和政府组织的云端数据更容易遭到各种威胁和攻击。

监督人工智能健康发展，为人工智能安全建立防护保障机制，制定人工智能伦理准则是当务之急，也是将来智能社会运转的重中之重。这方面的人才负责所有与人工智能的监控、许可和修复相关的工作。在特殊、边缘或高风险案例（比如无人驾驶）中，需要对人工智能进行实时监督，尤其是在涉及人工智能可能缺乏道德、伦理和社会智能的情况下，应确保它不偏离预期用途。随着机器变得更加智能且对环境做出实际预测的能力得到提高，人类判断的价值也会增加，因为它将成为解决各项优先事项的首选方式。

（五）新模式转变人才的需求

人工智能的技术创新必然会重塑社会多方面环境的运转模式。如医疗方面，基于大数据的深度学习将改变医疗行业，为疾病提供更快速、准确的诊断和治疗，甚至未来癌症将变得不再可怕。再有商业领域，人工智能与商业大数据的结合，使商家可以更好地获得客户的完整画像，通过前瞻性的预见来改善客户服务，实现一种通过一系列界面设计和基础设施投入，赋能于顾客需求场景中的价值创造者，并将其与顾客互动链接的新型平台模式。交通出行、信息交流传播等方面都已经开始向新模式转变。

倘若无人驾驶得以普及，那么基础的交通设施和交通法律必然要发生显著变动，从而导致社会对城市规划者和设计者的需求倍增。这种情况在医疗、法律等服务领域是一样的。再考虑诸如网络安全等邻近领域内的模式转变，可能会产生对检测欺诈性交易和消息的新方法的需求，使新的职业或更多的就业成为必要。

（六）具有批判性思维和独立思考能力的人才需求

在人工智能时代，知识是开放的，随时随地可查找、可检索，人工智能不能代替学习，因为知识的力量在于知识的系统性。人工智能导致低阶认知技能的重要性下降，如记忆、复述、再现等，这些初级信息加工任务将更多地被机器代替，而高阶认知能力的重要性会更加凸显，如识别问题、逻辑推理、自我反思等。简单地说，今天人类记载的全部知识，是数千年来人类对世界全部观察的积累。这些知识通过口传、手工抄写的羊皮书、印刷技术、广播电视、互联网等媒介技术连接在一起。所以，当一个学生坐在教室里拿起书本的时候，他是在跟人类整体经验积累进行对话。这是一项绝对无法得到充分实现的任务，每个人所接触到的都只是整体经验的零星部分，所能探测到的其实只是自己周围很少的真实信息，而这些部分少量的信息是极易被扭曲的。个体的学习其实是以个人经验，跟人类知识、规则对话，并在碰撞中融入社会合作，借以实现个人生存和发展的过程。在这个过程中，我们需要保有应对错误信息的能力，也就是所谓的高阶认知能力。

另一方面，批判性思维是能够对事物进行理性推理的能力。独立思考能力就是利用批判性思维对待他人主张的能力。强人工智能在设想中具有和人类一样的自主思考能力，甚至是当前的弱人工智能也可以为人们提供各种咨询建议。人工智能在实质上完全取代人类进行知识和思想的生产，是它对人类的最高层次的威胁。智能时代的人们需要保护自身存在的价值。

面对机器人可能给人类社会带来的各种安全、伦理道德、法律问题，人们需要具备独立思考的能力来明辨是非。没有什么能力是贴有人工智能时代专属标签的。随着时代的发展，人类已有的知识和经验将变得不重要，而培养学生的综合素质、高阶思维、创新能力等，这些要求无论在哪个时代都是需要的、共通的、不会过时的。

人工智能将为培养学生的独立特性提供新工具。人工智能的支持使得菜单式、个性化人才培养方案有了可能。学生主动选择专业和课程的可能性大大增加，这种选择能力和主动学习能力将成为新一代大学生的主要能力。为了适应这种个性化人才培养，高校会进一步突破基础教育专业人才培养方面和院系的限制，加强教学综合管理能力。

（七）具有新素养和数字能力的基础教育人才需求

当今世界范围内新一轮科技革命和产业变革，无论是人类智能还是人工智能，个体智能还是群体智能，都是在提升创新驱动发展源头的供给能力。基础教育多学科门类的交叉渗透助推了“智能科学与技术”的发展。当前，不仅是智能及智能工具，还有具有创新创业思维、态度、技能和知识的新型技术人才，都是先进社会最重要的经济动能。

高等教育机构中，传统教育课程的课程设置中尚未充分体现与创新创业思维、态度、技能和知识相关的内容。识别并利用新的市场机会、理解市场或消费者需求、创新商业模式、进行市场研究等与创新创业密切相关的技能和知识，在很大程度上被排除在传统课程和教学大纲以外。基础教育是当前技术创新驱动的人类社会、经济发展背景下对传统课程知识的重构，也是科学、人文、工程等知识领域的交叉融合，以培养人文科学和工程领域具有全球视野、领导能力和实践能力的复合型、综合型领袖人才。

互联网正迅速瓦解着人为建立起来的学科体系，为不同学科、不同层次知识的贯通和综合创造条件。人类社会面临越来越多的复杂情境和复杂问题，解决这些问题也依赖知识的综合运用，单一学科的知识已经力有未逮，基础教育学科综合才是智能时代教育的发展方向。

数字能力是指数字理论知识和数字技能。智能时代也是数字时代，智能时代的经济更是数字经济。智能时代的社会活动几乎全部和数字化相关。数字理论知识是尖端学科深度交叉融合后的新知识，这些尖端学科有机器学习（深度学习）、算法研究、芯片制造、图像识别、自然语言处理、语音识别等。此外，数字能力还应包含数字技能和计算思维。数字技能是数据分析、软件编程等能力，可以帮助运用人工智能，是智能社会人机协作的基础能力。

在智能时代，一是智能把人从简单劳动中解放出来；二是通过智能提高人的潜能，人类让大脑做大脑擅长的事情，让人工智能来做其擅长的工作。人依然是智能世界的主宰，但是人有可能被机器领导。计算思维是智能化社会公民的重要素养，让所有学习者都能参与并提升校内外学习体验，使其成为全球网络社会中积极并具有创造力、渊博知识和道德规范的参与者，将创造力放在学习目标的首要位置；人工智能对于教学环境的支持，将改善现有的学习方式，由被动转向主动，课程内容与现实联系更加紧密，课程目标由获取知识转向创造知识及培养解决问题的能力。了解机器能做的工作及掌握“人机协同”工作的本领，将是未来学生的必备素养，学校应帮助学生提前做好准备，以适应人工智能时代的快速发展。

（八）具有人文素养和创造力的人才需求

于社会整体而言，大众的人文素养体现为“人文主义价值观”，它承载并体现不同时代、不同社会背景下的普遍人性，是人类共同的伦理原则。“人文主义价值观”延伸出反对暴力、反对不宽容、反对歧视和排斥的伦理原则。向大众传递着尊重生命和人格尊严、权利平等和社会正义、文化和社会多样性，以及为建设我们共同的未来而实现团结和共担责任的意识。在新的时代背景下，重审人文主义价值取向，要特别强调“尊重生命与人类尊严、权利平等、社会正义、文化多样性、国际团结和为创造可持续的未来承担共同责任”。人文主义中的人本思想对于社会把握人类和人工智能之间的关系和立场有着启示作用。

于个人而言，人文关怀能力和创造性是人类有别于人工智能的独特价值。智能时代的职业可大致分为创造人工智能的人，告诉机器该做什么并决定如何处理其产出的人，最后是知名人士（演员、运动员、艺术家、作家）。那么，个人应当如何做准备才能引领人工智能机器新世界呢？文科基础教育可能是对抗自动化的最佳解药。虽然大多数人都需要对计算机科学有一个基本的了解，但学习心理学、哲学、历史、社会学等可能是为未来做准备的关键。在自动化时代，对世界的理解能力就是我们的最大财富。人工智能擅长于精密、重复性的任务，而人类则善于提出创造性的解决方案。文科基础教育将帮助年轻人掌握广博的知识，而他们可以利用这些知识将人工智能的作用发挥到最佳。

（九）参与人工智能社会治理的人才需求

探索建立面向未来的人工智能伦理规范的人才。探索人工智能发展前沿面临的伦理难题，发展以人类为中心的人工智能技术路线，确保人工智能研发设计符合正确的价值观导向，共同推进设计研发中的技术、伦理标准制定。研究人工智能在具体场景面临的伦理问题和长期发展引发的伦理问题。探索人工智能风险评估和监管体系，面向智能医疗、智能出行、智慧社区、自动驾驶等领域，研究设计问责和应用监督并重的双层监管机制。

探索推进人工智能地方立法工作的人才。开展人工智能应用的相关立法研究，支撑科技主管部门、立法机构、人工智能企业、法律研究和从业机构、用户等相关方，制定有关数据应用和算法规则的规范性文件，并在具体应用场景中试行和迭代，为进一步开展相关立法研究奠定基础。开展数据权属、流通的立法研究，推进公共数据的立法工作。

参与全球人工智能治理规则制定的人才。依托世界人工智能大会等载体，打造人工智能治理国际交流平台，组织全球一流人工智能治理研究机构展开专题讨论和合作，参与全球人工智能治理讨论与规则制定，联合国内外高校发布相关倡议，为世界人工智能治理规则发展贡献力量，形成中国在人工智能治理方面的话语权。

建立健全人工智能技术标准与知识产权工作的人才。加强人工智能标准框架体系研究，坚持安全性、可用性、互操作性、可追溯性原则，逐步建立并完善人工智能基础共性、互联互通、行业应用、网络安全、隐私保护等技术标准。建设跨领域的人工智能测试平台，推动人工智能安全认证，评估人工智能产品和系统的关键性能。加强人工智能领域的知识产权保护，健全人工智能领域技术创新、专利保护与标准化互动支撑机制，促进人工智能创新成果的知识产权化。

三、知识的开放性需求

智能时代下的高等教育将是全球化的，世界各国教育共存于一个一个更为复杂、相互关联的形式和系统之中。在智能化时代，高校的教学、创新创业、职业培训、社会网络等要素需要融合起来，很多不同类型的教育都会成为融合式基础教育的组成部分。高等教育将冲破地理位置的边界条件限制，优秀的教学理念、优质的教学元素乃至顶尖的教学人才，将在国际范围内广泛流动，契合融合的趋势和需求。这一改变，主要源于人工智能、应用模式的不断提升和进化，时间、空间呈现融合转化的重要趋势，引领高等教育变革要素的迁移。

知识的全球化传播、跨国人才团队的继续教育等对高等教育提出国际化融合需求，这种融合程度会越来越广泛和迫切。高等教育的一系列边界将被打破。首先，高等教育不同水平和类型层面，如传统的高校教育、成人教育、继续教育之间的界限将变得模糊，无缝的终身学习机会成为现实；其次，高等教育组织界限变得模糊，公共高校、虚拟高校等等各类高等教育组织在组织结构上、教育供给形式上等各个方面将相互交叉，相互融合；再次，时间与空间上的界限将被打破，各个企业高校，跨国、财团以及合资企业之间建立的教育战略联盟、虚拟学习环境、在线学习项目等等，使得高等教育跨越了时间与空间的界限。

这一趋势已然开始凸显，如美国麻省理工学院的“开放课件”项目（OpenCourseWare Project）旨在将高校的课程教学材料通过互联网向全球免费开放。欧盟的博洛尼亚进程实际上已经在构筑一个强大的高等教育网络，来自不同国家的私人企业、监管与评估机构、政府部门、高校乃至欧盟当局，以资源节点或枢纽的形态将其高等教育同化、扩张与整合在一个全球性的教育企业之中，从而在欧洲各国间形成了一个教育领域品牌消费的金字塔。此外，谷歌的 GoogleClassroom、微软的 One Note Class Notebooks、百度的教育云平台等系列产品、阿里巴巴的淘宝同学与超级课程表、腾讯的腾讯精品课与腾讯课堂等，互联网巨头正在通过资本运作与产品开发成为教育产业链的主导者。

四、高校教师的培养需求

智能时代下，高等教育要适应智能技术带来的革命，要给学习者提供只有人才能完成的教育。这就对教师提出了更高的要求，即教师不仅要具备应用智能性技术来实现个性化教学的基本能力，更要具备较高的人文素养，帮助学生进行思维训练，使其获得更多的智慧。

对于语言类教师，无论听、说、读、写的辅导，还是考核评价活动，都可能被机器人代替。同时，基础法律课堂、基础历史课堂、简单实验操作课程也不可能再占用师资力量，但对于与学生共同探讨文学和审美、进行情感交流的活动，机器人可能难以胜任。在人工智能时代，学科基础知识讲授的任务将会被 AI 替代，而对于个别化的“教练”、以学定教的导师、情感交流的心灵师等，将会有更大的需求。

未来对于教师的培养不仅仅是注重教师本身的个人素质，更要注重教师间的协同以及教师与人工智能环境的协同的培养。智能时代下，教学机构、学科和班级的边界将逐渐被打破，学习过程会在跨越传统机构边界的社会化协同分工下完成。未来，一门课程的教学可能由多位教师共同负责，既包括教学方案设计者和学科知识专家，也包括知识传授者和人工智能助教或其他角色。

从教师职能来看，智能时代下的个性化自主性的教育体系强调要促进学生的全面发展，因此未来教师的职能将加速向两个方向分化：

一是全能型教师。在人工智能的支持下，能够对人类身心健康和全面发展负责的全能型教师的出现成为可能。这种全能型教师既要掌握基础学科知识和技术知识，也要掌握教学方法、脑科学发展及人类身心健康等等相关知识，还要了解各种社会属性，更要具有领导力和社会协作能力。全能型教师既能够为每个学生提供个性化指导，也能为整个学习群体提供服务。

二是专业型教师。除了上述的全能型教师，未来教师还会出现更为精细的、个性化的分工，可以把某一方面的教育做到极致。如专业做教学设计的教师、进行思维训练的教师、解决心理问题的教师等等。随着社会分工的不断细化，教师角色的分工也越来越细，就像拍电影一样，有编剧、演员、导演、摄像、后期制作。所以，教师需要善于基于大规模的社会化协同开展教育服务。

五、政、产、学、研、用、金结合需求

从人工智能为代表的科学技术发展来看，当今世界科学发展呈现六个主要特征：重要科学领域从微观到宏观各尺度加速纵深演进，科学发展进入新的大科学时代；前沿技术呈现多点突破态势，正在形成多技术群相互支撑、齐头并进的链式发展；科技创新呈现多元深度融合特征，人、机、物融合加快，物理世界、数字世界、生物世界的界限越发模糊；科技创新的范式革命兴起，大数据研究成为继实验科学、理论分析和计算机模拟之后新的科学研究范式，产业范式向网络化、智能化的系统演进；颠覆性创新呈现几何级渗透扩散，主流技术、产品不断被迭代，新业态、新产业快速涌现；科技创新日益呈现高度复杂性和不确定性，人工智能、基因编辑等新技术可能带来对就业、社会伦理和安全等问题的重大影响和冲击。与科学变革相呼应，创新链条也将不再保持基础研究到应用研究再到示范应用和产业化的单向线性过程，而是转向以用户为中心、以社会实践为舞台和以开发创新、协同创新、大众创新为特点的用户参与的创新模式。这种情况下，创新主体也会从小众科研人员向全体大众转变，众创、众包、众筹成为重要创新组织方式和融资模式。

基于此，智能时代的高校需要改变固有的办学理念，与各类企业、研发机构、政府部门和非政府组织建立各种伙伴关系。回应社会需求，从传统学科范式规范和内部权威控制的封闭知识体系，转变到与外部利益相关者、“消费者”或“客户”。高校要按照市场和社会的需求，设计并开设企业与社会所需的课程与学位，从制度建设和政策导向上积极引导和支持高校科研人员与企业的合作，以产业需求来引导和推动高校的科研。此外，高校组织结构也走向网状。原有基于学科和专业划分的院系还继续存在，但按照跨学科需要组成的临时性研究中心、问题导向的智库或与校外机构联合组成的协同创新机构正层出不穷。

六、人工智能学科建设需求

在智能时代，未来新兴产业和新经济需要的是实践能力强、创新能力强、具备国际竞争力的高素质复合型人才。因此，既需要培养人工智能领域的专才，也需要让人才具有正确的价值观，特别是法律、伦理和道德层面需要高校加强建设的力度。

（一）人工智能领域

在人工智能领域，未来在基础数学、脑科学等方面的知识积累，将成为强人工智能发展的不可或缺的重要方面。从学科来看，人工智能是计算机科学、控制论、信息论、语言学、神经生理学、心理学、数学、哲学等多种学科相互渗透而发展起来的综合性学科。基于权威标准的分类系统——国际计算机学会分类，中国人工智能领域主要被分为两级，27 个一级概念，44 个二级概念，涵盖了中国人工智能发展的各个领域，代表了人工智能在国内和国际上较活跃的子领域。目前中国人工智能领域的人才主要集中在以下一些方向：数据挖掘、机器学习、计算机视觉、数据库、自然语言处理、图像处理、计算机图形学、多媒体技术、虚拟现实、人机交互、信息检索以及社交网络等，未来高等教育需要加强基础策源创新型人才和高端芯片、算法人才的培养。

（二）法律伦理领域

人工智能将带来的社会、法律、伦理等问题，需要高校在人工智能从业者群体中加强机器伦理教育，将正确的伦理价值观广泛渗透到社会与经济的各个方面，在不断推动智能时代发展的同时，消除安全隐患。

由于物联网、人工智能、5G 的普及，服务对象不仅仅停留在人类社会，成为生产力的智能化机器也成为服务对象，创造和产生价值的机器人也成为纳税人，机器人群体也将接受体检、教育、道德信息输入等外界服务。针对机器和人的个性化服务逐渐成为智能时代发展不可或缺的一环。同时，伦理规范将延伸到智能机器领域，伦理教育的方向和内容将面临重构。未来的自主智能机器将有能力完全自主行为，不再是为人类所使用的被动工具。其基于自身所获取的信息的分析和判断，在不同情境中的反应和决策可能不是其创造者可以预料或者事先控制的。这种不需要人介入和干预的“感知—思考—行动”，需要新的伦理规范加以约束，因此针对机器的伦理规范将成为这一领域的重要方面展开教育和传播。

七、"终身学习"的需求

新技术革命让知识的总量飞速增长，更新周期也大大缩短。随着新学科的不断分割建成，科学知识变得高度分化并且互相综合交叉，构成纵横交错的大知识群落。为了"学会生存"，不被汹涌的时代所抛弃，人们日益认识到终身学习的重要性。终身学习应该是一种自主驾驶式的学习，即根据自己的学习基础、需要解决的问题以及希望达到的目标，选择一条适合自己特点的学习路径。这样的学习不可能依靠学校教育的方式来实现，学习方式逐渐从单纯课堂听课转向听教师授课与从网上汲取知识同时进行，这种混合学习已经成为一种趋势。终身学习主要是学习者带着问题的学习，包括工作的问题、形势变化的问题、健康的问题、理财的问题、兴趣爱好的问题等。这些都将导致学习行为，而对于这类学习来说原有的学校教材并不适用。人工智能的发展将使知识的传播、存储与检索得到极大的便利，为终身学习的实现提供条件。

智能社会的职业选择增多，社会节奏加快，学习成为超越时空变化的常态。在线学习、个性化学习、人与人及人与机器的学习将成为主流的学习渠道和途径。每个公民要想在社会中掌握主动权，成为生产生活的主人，就必须把握方方面面、时时刻刻学习的机会，抓住智能化时代趋势，建立对应的培训方案，跟上最新的科技发展潮流，抓住社会提供的每一个机遇，更好地应对越来越自动化和自主化的市场。因此，高等教育需要注重人工智能与基础教育学科专业的交叉融合，注重教学模式、对象、内容的转变，充分发挥开放教育的优势和特色，建设相关实训基地和开展国际交流，为社会普及"终身学习"。

当前，知识的更新换代已经极其迅速，大学生一年级所学的知识在毕业之前可能就已经被替换。而且人工智能驱动的自动化也在急速扩展。普遍存在于零售、制造等行业的在高度稳定与可预测环境下的体力劳动，以及数据的收集与处理是最易被人工智能取代的工作内容。但人工智能对创新性工作的取代性极低。虽然人工智能对各项工作内容的自动化进程是不一致的，对各技能水平工人的影响也不一，但可以确定的是，人工智能将逐渐取代中级、高级技术工人。不断更新自己的知识技能，以提升自身不可取代性，寻求更多的工作机会，必须要坚持终身学习和自主学习。

由此，人工智能将引起高校人才培养方式的深刻变革。与过去的学生相比，现在的学生将更多使用多媒体技术、在线网络等更加灵活和生动的教学模式。在线教学将有可能成为主流教学方式，给学生以持久获取优质教学资源的可能。

第二节　智能时代的高等教育治理变革与探索

一、高等教育治理的时代特征呈现

智能时代将为高等教育治理赋予个性化、整体性、协同性、透明性、动态性、自主性等特征。

（一）个性化

个性化是未来教育发展的趋势，高等教育治理需要对此做出回应，甚至需要做好相应准备。一方面，通过高等教育治理将基础教育个性化由理念转化为实践。例如，打造智能教学、学习管理系统，运用智能技术解决学习过程个性化、教学过程精准化、管理过程科学化的问题。另一方面，需要对高等教育个性化加强治理。加强案例引导和问题导向，将基础教育个性化与基础教育社会化有机统一起来，发挥每个学生主动学习的积极性，且又能与实践相结合。

（二）整体性

学校变革必须从整体设计入手，不能基于局部思考。整体性治理理念能够克服由个体主义思维方式的滥觞、治理模式碎片化、组织机构功能裂解化、数据信息孤岛化所带来的有限理性问题，推动治理科学化的实现。随着万物互联和大规模“开环”应用的发展，通过高校去中心化的、分布式的力量，挖掘出万事万物的数据价值，打破高等教育固化线路上的节点，引入多元教育主体，激发其参与高等教育治理的积极性和创造性，实现高等教育治理的去“闭环”。由此，通过逐步解决有限理性的信息缺失、信息量不足、信息割裂等问题，高等教育治理过程就可能实现从破碎转向整合、从分散转向集中、从单一转向多元、从部分转向整体，最终实现从“闭环”转向“开环”。

（三）协同性

未来社会将是一个多主体、多层次的复杂系统，不同力量相互制约，在竞争与合作中共存。这就需要多元主体间构建相互信任、彼此依赖、双向互动的关系，形成互联互通的网络治理格局，整合内部力量，集结外部优势力量，最终实现多元主体协同共治。高校内部要拆掉四堵墙，即学校和社会之墙，校内各系科、各专业、各部门之墙，教育与科研之墙，教与学之墙。

通过人、机、物互联及其相应的平台，可以及时准确捕捉不同主体的诉求，有效提升其参与高等教育治理的意愿和获得感，高等教育系统由此就可能进入一个虚拟世界和现实世界合一、人机物走向一体化的时代。

（四）透明性

随着信息的有效公开和数据的科学运用，高度被感知的责任和透明成为未来社会追求的目标。通过利用智能技术及相应的工具，对治理数据进行开放，对决策过程进行留痕，使政策制定更具理性，继而实现高等教育治理全程透明。这样，既颠覆了随意性决策的“黑箱”，约束了治理主体的自利性和机会主义动机，又能将不确定因素转变为看得到、听得懂、信得过的可视化、透明化信息。这样就可以提升高等教育治理的前瞻性、针对性和可操作性，赢得各参与主体、社会公众的信任和信赖。这种良性互动使高等教育治理模式更优，更接近“善治”的目标。

（五）动态性

未来社会有可能会越来越充满不确定性。在社会转型的当下，治理主体和治理需求已经发生了深刻变化，传统高等教育的静态治理模式越来越呈现出不适应、不实时的问题。

未来高等教育治理将体现其动态性。借助智能技术，以及各类智能装置和移动终端，人们可以连贯且即时完成从信息搜集、数据挖掘、知识传输到政策制定、决策支持、信息反馈等各环节，及时发现和处理高等教育领域出现的问题，实现动态治理。

（六）自主性

借助智能技术，以科学决策为核心，基于人与机器的互联互通，高等教育治理将由经验模式逐渐向大数据支持模式转变，形成“智能治理”运转机制，激发出以智能工具为支撑的“最佳行动能力”。

同时，通过增强治理主体和治理行为的自主能力，发挥各参与主体的集体智慧，利用智能技术的灵活性、自主性等特点，对人类的思维模式进行模仿与学习，将高等教育治理体系逐渐打造成为一个智能系统。

二、高等教育治理体系变革及趋势

（一）高等教育治理体系的内在变革

智能时代将会对高等教育的治理结构、治理场景、治理主体和治理价值等产生深远影响。

善治是政府与公民对公共生活进行合作管理的一种治理方式，是一个使公共利益最大化、还政于民的社会管理过程，体现的是国家权力向社会的回归。

1. 高等教育治理结构重构

将逐步形成高等教育系统网络化结构。非中心、非科层的网络社会结构下，传统高等教育系统将逐渐解构并网络化。多元化的网络渠道将逐步替代单一的稳定信息渠道。网络结构所具有的传播、整合和监督能力将为高等教育系统带来强大的资源链接、多维协同能力，由此可增强与社会的对接能力、根植能力，激发综合活力和自我发展能力。高等教育治理结构的重构，主要体现在“节点治理”的理念，在让高校“拥有什么资源”很重要的同时，还将凸显能够“链接什么资源”的重要性。

2. 高等教育治理场景重建

将逐步实现对真实世界的数字化重建。在管理者远离现场的情况，该能力也能够使其获取精准的现场信息，进而可以跨越地理空间，对社会场景进行精准再造。同时，利用可长期追溯的多维信息，可以改变对资源匹配的依赖的状况，让现实资源更好地匹配和适应治理需求，重构高等教育治理体系。

大数据同时具备技术属性和社会属性，成为推动变革的新生力量。一方面，利用大数据，可以创新高等教育服务与产品，拓展高等教育市场，重构高等教育价值链和生态圈。另一方面，通过挖掘高等教育大数据资源，构建大数据共享平台，可以激发社会、高校、市场等多元参与主体的积极性，增强高等教育治理的活力。再者，智能时代的教学场景将发生重大变化，对治理提出新挑战。随着虚拟学校和实体学校逐渐融合，全民参与共建、共享、共治的泛在学习将成为未来主要学习方式之一。人人都可能是知识的提供者、分享者，教师可以不用去教室就能实现教学与师生互动，每个学生的作业都可能是量身定制的等等，所有这些变化都需要有新的治理模式与之相适应。

3. 高等教育治理主体拓展

人工智能的本质是基于大数据处理对人类思维与行为进行模仿，在这种情况下社会形态、产业体系将发生重大的改变，也将进一步拓展高等教育的治理主体。

智能技术的应用，将可能使大量有规则、规律可循的工作被替代，而同时新技术新文化的不断涌现对主体能力结构中的创造性、人文性特征更为强调。人力得到更大的解放，进一步催生劳动力资源结构的变化，使人们集中于从事更高等、更有创造性的工作，推动人类向更高级阶段进化。伴随主体能力特征和劳动力资源结构的变化，人机物混合社会形态逐渐形成。未来智能机器将成为一种新的社会主体，自主收集信息、判断、决策和行动。以上这些变化将引发传统高等教育系统结构、知识结构、就业结构的重构，高等教育领域的参与主体和治理主体也将拓展，高等教育治理的边界也会变得更加“模糊”。

4. 高等教育治理价值重塑

智能时代背景下，教育的根本在于用人工智能等科学技术提高教育的效率，以便教育的重心更多转移到人的精神和情感世界，从而将教育的价值更多地体现在对人的重视与关注上，也即“对灵性的培育和养护”。

而对“灵性”的凸显，正是高等教育治理价值内涵的重塑。国内从事高等教育实践和研究的学者们也在反思，“什么是高校？什么是教育？什么是研究？”受到“短期功利主义”的影响，高等教育治理的现状，无论是教师的职责重心、专业课程的设计还是院校管理的理念都有所偏颇。然而在智能技术的冲击下，很多人类的技能和功能越来越可能由机器所替代，这一状况将在一定程度上改变以“有用”来界定的高校的价值存在，从而对高等教育治理的价值内核进行重新塑造。

（二）高等教育治理体系的演化趋势

传统时代下包括高等教育在内的治理所呈现的基本架构与逻辑可以这样描述：自上而下的等级式科层架构、管理的宏观与微观相对分离、自然人是管理体系的最终主导。未来，高等教育治理体系将有可能主要发生以下三个方面的变革。

1. 治理结构的扁平化

智能时代将对高等教育形态与治理体系的同构关系造成冲击，推动高等教育治理体系由科层制向网络化结构演变。治理体系内部的院校治理体制突破科层制，进行深度整合，外部产学研合作体制不断压缩管理链条，治理结构趋于扁平化。

强化高等教育治理的多元化主体自身的治理效率，优化和重整信息流和命令流链条。各主体开展跨部门决策、执行和监督，科层制在智能时代有了新的含义，具体体现在：随着动态任务的发布，柔性决策替代了刚性决策，科层制链条具有更高的灵活性；随着数据流整合和场景重建，双向任务链替代了单向任务链，治理过程更加透明，更有说服力，更为服众。

2. 治理边界的重塑

全息化态势是未来高等教育的主要特征之一。由于信息被精确传递，高等教育领域的上层组织及管理者，更能根据一线信息对下属单位的需求做出及时反应；信息的全息化还能有效消解因权力运行造成的层级间的紧张关系和对立情绪，实现良性互动、合作共赢。

因此，高等教育领域的政策制定者需要重新审视各种关系，厘清高校和二级部门或学院之间的职责边界、现实空间治理和虚拟空间治理的边界。高校内部，将从宏观层面注重对治学和教育理念的洞察和掌控，从资源调度和综合治理方面为二级学院（系）决策和执行提供支持。随着泛在学习方式的普及，治理主体的增加及结构性变化，高校之间、高校与业界之间所构筑的高等教育价值链将发生解构和重构，以大数据为核心的治理体系将逐渐形成。

3. 治理主体的多元化和协同化

智能技术将提升高等教育治理的信息处理能力，增加治理的主体，从而使治理的内涵与外延发生巨大变化，对人类的管理水平提出新挑战。

同时，仅凭单一学科或专业已经无法解决高校治理面对的新形势中的新问题。社会分工的进一步细化，将会使高等教育与全产业链的多元协同成为内在动力，加强基础教育多学科专业的协同创新成为必然。传统的学科专业架构和院系组织模式必将发生重大变革，这是因为智能化工具能够有效助力高等教育机构科学预测、系统捕捉未来有生命力的学科专业生长点，并进行跨学科、跨部门、跨领域、跨区域的协同，多元主体互动和多元协同创新将成为高等教育领域的新常态。

三、高等教育治理体系实现路径设计

智能时代的高等教育治理体系将涉及国家发展的诸多要素，由智能技术发展和社会多元治理动态耦合而成。以因地制宜、因事而化、因时而进、因势而新的原则为指导，开展技术路径、场景路径与协同路径等方面的研究就显得尤为重要。

（一）技术路径

科学技术是产业转型升级和经济结构调整的推动力，是社会专业化大分工的加速器。从历史来看，高等教育是国家创新的源泉和中坚力量。另一方面，创新是高等教育可持续发展的根本动力。高等教育的发展与进步是教育和科技发展循环递进与协同发展的结果。智能技术将改变传统的学习方式，引发新的利益关系和利益冲突。需要从智能技术与人类共生的角度架构高等教育治理的技术路径，构建更为完善的高等教育治理范式框架，发挥科学技术在高等教育治理中的作用，从“科学—技术—社会”逻辑设计解决利益冲突的治理规则和机制。

（二）场景路径

高等教育治理需要从技术融合和组织重构两个方面重新设计治理场景：一是通过技术融合打造高等教育过程性场景。将智能技术深度应用到高等教育治理的全过程和各个环节，加强信息和数据的采集、分析和处理过程的治理，优化信息流和数据流的双向多维网络化运行能力，推动提升高等教育治理能力和模式创新。二是加强组织重构。根据智能时代的特征进行组织设计及重构工作，实现高等教育的“六去”（通过去中心化、去权威化、去差异化、去中立化、去时间化来实现去固式化），消除多元利益相关者互不信任的场景，建构一个跨边界、跨层级的纯粹的“信任”的验证机制。

（三）协同路径

开放性、多元性是社会发展的主旋律，高等教育治理需要本着政府、高校、社会、个体多方协同共赢的理念，在遵循高等教育发展规律的基础上兼顾国情和区域特色，形成多元合作、协同共治的治理格局。高等教育领域需要迎合时代的步伐，逐步改变传统管理理念，在大数据分析的基础上，发挥有计划的市场机制在资源配置中的决定性作用，引导多元社会力量，加强治理机制的融合，形成协同治理新模式。对高等教育领域多元主体的职责和任务边界进行重新定位，构建一个双向多维的分布式、去中心化的“自组织”治理网络，激发内在活力，打造共生、共治、共享的高等教育治理体系。

随着智能技术的不断应用，有些国家的高校在应对未来教育挑战方面进行了一些尝试。例如，美国斯坦福大学提出的斯坦福大学 2025 计划，认为未来学习将具有个性化、终身化、定制化、自主化等特征，提出的四项核心设计：“开环大学”“自定节奏的教育”“轴翻转”和“有使命的学习”。

第三节　智能时代的高等教育模式

今天这个时代，表面无序但又深度关联，解释这个时代环境和事物的变化与发展，根本在于理解复杂系统的演化规律。

一、高等教育体系的共生概念引入

边界模糊，共生兴起。在表面的无序下，原来内生性的演变依托于越来越多的外生性因素，外生性影响越来越直接地介入到高等教育内部的要素关系和结构中。其实质随着越来越多的要素涌入高等教育，在相互连接中互为主体，看似什么（边界）都可以突破，什么（范式）都有待颠覆，什么（规则）都可能打破，但有可能会越来越接近高等教育的本质。

“共生”概念源自生物科学领域，被定义为不同种属生活在一起。而人类社会中，个体与个体，组织与组织之间相互联系、相互影响，类似于生物学的共生关系，由此，“共生”概念被引入社会科学、管理学、经济学等领域。

智能时代高等教育发展在方向上体现为内向回归，即价值追求更趋本源；在路径上拓展外向延伸，与其他主体以及环境的连接更为积极良性，各种要素相互依存，相互融通，相互协同，要素内涵和关系结构都产生了新的变化。

二、智能时代高等教育的共生机制

高等教育的共生形式可能在过去或当下已经存在，这里强调智能时代高等教育共生机制的含义，不是为了单一或片面地从某一状态或维度来探讨，而是将高等教育共生体这一系统作为关注对象。由此，外部环境、外生性要素（如个体、组织、资源、网络）和外生性因素（如社会变革、技术革新）成为高等教育共生体的组成部分，连同高等教育内生性要素（如人、活动、资源）、要素关系（学习模式和教育模式）和关系结构（高等教育治理）一起形成紧密的体系。

在这一紧密体系中，原有的“外生性影响”进一步演变为高等教育与外部连接的“路径延伸”形式，发展成为高等教育与其他组织、个体相互依存的“外共生”机制；而原有的“内生性演变”则进一步聚焦于高等教育依托智能时代环境特征进行自我价值的“方向归回”，并对社会环境进行良性反馈的“内共生”机制。

依托智能时代的技术要素和环境要素，大数据、人机物互联互通、人工智能等智能技术的广泛介入，使得外共生机制能够更好地打破学习与教学的边界，突破传统高等教育有形场域的壁垒，使得“无边界教育”“无边界学习”“泛在学习”等概念得以实现，打破传统教育在层次、类型与时间、空间等方面的边界，形成任何时间、任何地点的任何人可以就任何内容进行任何形式的无限场域高等教育新模式。

如果说外共生机制对应的是高等教育与智能时代结合的正向产物，那么，内共生机制就是为了反思和抑制上述结合中存在的风险和反向作用。

随着外生要素的广泛介入，对于高等教育的利益驱动和价值诉求更为多元，而教育的公共属性使其必须承担起塑造国家、社会的公共价值和个人美好生活的使命与责任，如何在利益驱动、多元价值和公共责任中保持平衡，需要高等教育在面对时代挑战的同时保持自身站位，守住价值本源。

智能时代高等教育的变革，必定是整合了适应外在挑战赋予的发展“使命”后的内在变革，这种基于回归本源的“初心”，才是有效实现高等教育内外生机制协同作用的根本。

随着连接和互动的深度和广度的增加，利益和价值在外部环境、外生要素和高等教育之间不再只是简单的交换或分享，而是有效的协同。共生系统的稳定将成为智能时代高等教育模式发展的重心，个体的独立性和系统的稳定性相统一，在系统的动态稳定中实现个体成长。

三、智能时代高等教育的无限场域

传统高等教育模式下，学习模式和教学模式需要依托高等教育的有限场域进行开展，外部环境和要素的介入也需要部分依托有形场域。

进入智能时代，在共生模式构建中的边界开放，不是不具备边界，而是边界的开放性、融合性更为便捷，这里的边界有学科的边界、学习的边界（时空）、学校的边界、学界与业界的边界、需求与供给的边界……共生机制可能发生在边界内，也可能发生在边界外。

去边界性和去碎片化将可能会实现，能够在共生体内依托责任、权力、利益和价值将资源进行个性化组合，并融合重塑出新的价值。

依托智能技术的广泛应用，高等教育将开启无限场域模式，外生性和内生性要素聚集在由智能时代联结成的网络平台上，只要通过移动终端或其他网络终端，个体就能依托身边便捷的实际场域（家庭、社区、图书馆、咖啡馆等）与高等教育要素（外生性和内生性）结合创造出个性化、动态性的无限场域模式，从而真正实现“拆掉学校和社会之墙，校内各系科、各专业、各部门之墙，教学与科研之墙，教与学之间的墙”的教育理念。

高等教育的价值创造将不再仅仅根植于有限场域和有限要素，而是在由智能时代开启的无限场域中更为高效地开展。

四、人工智能时代高等教育人才培养模式

学界从不同角度对高等教育人才培养模式作了各种各样的研究和探讨，对高等教育人才培养模式的概念表述也多种多样。尽管如此，学界却普遍认为高等教育人才培养模式是“人才培养”系统中最复杂和最关键的组成部分，其变革往往是通过革新或重组其构成要素来实现的。从学界研究及世界高等教育人才培养的实践活动来看，高等教育教学活动是高等教育人才培养模式概念与内涵的现实来源和实践基础。在此基础上，参照高等教育教学活动的组成要素和实践过程，可以归纳出高等教育人才培养模式的变革，需以“培养什么样的人（培养理念和目标）→如何培养人（培养主体、培养内容、培养方式）→培养成了什么样的人（培养评价）”这样一个完整的逻辑链条为出发点和立足点，来对其组成要素进行系统革新或重组。同时，也可由此得出高等教育人

才培养模式的组成要素主要由人才培养理念和目标、培养主体、培养内容、培养方式、培养评价所构成。

人工智能时代的到来，必然会对高等教育人才培养模式产生新的要求。对此，在揭示人工智能时代高等教育人才培养模式变革的现实依据的基础上，立足高等教育人才培养模式变革遵循的逻辑理路，以高等教育人才培养模式的组成要素为切入点，尝试探讨人工智能时代高等教育人才培养模式变革的现实困境和改进策略，以期为人工智能时代高等教育人才培养模式的更新和完善提供路径参考。

（一）人工智能时代高等教育人才培养模式变革的依据

1. 社会需求：人工智能时代高等教育人才培养模式变革的根本动力

高等教育人才培养模式是高校为学生构建的知识、能力、素质结构，以及实现这种结构的方式，包括人才的培养目标、培养规格和培养方式，并从根本上规定了受过高等教育的人才特征，集中体现了高等教育的教育理念，重点关注培养什么样的人、如何培养人和培养成了什么样的人。因此，可以说高等教育人才培养模式变革的本质是为了改变所培养人的类型，以满足不同社会时期对各类人才的需求。而且，从历史的纵向演变角度看，世界高等教育发达国家从第一次工业革命时期的专注于学生理智训练的人才培养模式、第二次工业革命时期的以专才为主要目标的人才培养模式到第三次工业革命时期的基于通识教育理念人文与专业素养并重的人才培养模式的变革均带有鲜明的阶段特征和历史烙印。可见，无论是从高等教育人才培养模式的内涵，还是从其演变的历史轨迹看，高等教育人才培养模式都需顺应不同社会时期的要求和特征而发生变革。

2. 知识追求：人工智能时代高等教育人才培养模式变革的内生选择

认识论和政治论是高等教育合理存在的哲学基础。认识论强调高等教育以纯粹追求知识为目的，政治论强调高等教育需要应用所追求到的知识来解决社会问题，即过去根据经验就可以解决的政府、企业、农业、原料、国际关系、教育、卫生等问题，现在则需要极深奥的知识才能解决。而获得解决这些问题所需要的知识和人才的最好场所是高等学府。简而言之，高等教育存在的哲学基础在于：第一，对知识的传承和创造；第二，积极回应社会问题（以前者为基础）。同一时期内，高等教育的功能也由最初单一的教学功能逐渐演化为集教学、科学研究和社会服务为一体的多元化功能，其中教学（知识的传承）和科学研究（知识的更新）是高等教育的本体功能，即高等教育的社会服务功能是以其教学和科学研究功能为基础的。从高等教育发展的现状和未来趋势看，高等教育存在哲学仍具有广泛的适用性和合理性，高等教育的功能也仍旧会以教学（知识的传承）和科学研究（知识的更新）两大本体功能为基础和轴心进行扩展。所以，无论是从高等教育存在的哲学基础，还是从高等教育功能来看，知识的传承和更新始终是高等教育发展的存在基础。

随着科学技术的发展，20 世纪末人类社会就从工业经济时代过渡到知识经济时代。知识经济时代的到来，意味着知识作为重要的生产要素和经济增长的主要来源已获得人类社会的普遍认可，同时也预示着知识的发展和更新会越来越具有价值，进而又会带动知识的快速发展和更新。当前，在人工智能知识不断发展和更新的基础上，知识经济时代迎来了人工智能时代的“加盟”。这既标志着知识的跨越式发展和更新，也意味着“人工智能”自身所孕育的知识具有极大的社会价值。当然，人工智能时代的到来，是以大量的人工智能产品和应用的出现为显性标志的。而从当前人工智能产品和应用的发展来看，大规模数字化和行业深度应用是其显著特征所在。与之相应的是，人类知识开始从“原子赋型”向“比特传播”变革，且具体表现为：知识形态与传播方式的“网络化”、知识表征与呈现方式的“可视化”、知识习得与内化方式的“具身化”。在人工智能“加盟”的时代，高等教育作为知识传承和更新的最重要的组织机构，无论是从“人工智能”自身便孕育着知识的角度，还是从人工智能发展所引发的知识变革和更新的角度，或者是从二者结合的角度看，高等教育都应积极调整、更新人才培养的理念目标和内容等。简而言之，就是要有效变革高等教育人才培养模式。唯有如此，高等教育才不会在新的时代背景下背离其追求知识的存在基础。这也就成了人工智能时代高等教育人才培养模式变革的内生选择之所在。

（二）人工智能时代高等教育人才培养模式变革的路径

1. 及时更新高等教育人才培养理念和目标

人才培养理念和目标的更新，是高等教育人才培养模式变革的前提和基础，只有在明确人才培养理念和目标的基础上，才能对高等教育人才培养模式的其他组成要素进行革新或重组，而人才培养理念和目标是否需要更新及能否更新成功又往往取决于政府、市场和高校三者共同作用的结果。所以，随着人工智能时代的到来和深入，政府、市场和高校都为高等教育人才培养理念和目标的更新提供了可能，且具体表现为亟须将当前我国高等教育界盛行的以专才为核心的人才培养理念与目标转变为“通识 + 专业”式的人才培养理念，以及兼具科学素养与人文素养的复合型的人才培养目标。其次，就高等教育人才培养理念和目标如何才能更新成功而言，仍需政府、市场和高校三者的共同努力。在我国现实语境下，中央、省级政府及其下辖的教育行政部门发布的高等教育规划、政策等对高等教育人才培养理念和目标的建立与更新有极为重要的影响。所以，要实现人工智能时代高等教育人才培养理念和目标的更新，具体来讲可以采取以下几点措施：第一，中央、省级政府及其下辖的教育行政部门要统一思想、步调一致，立足高等教育的本质，结合人工智能时代的社会需求，适时调整对高等教育人才培养理念和目标的要求与指导；第二，社会企业要积极、主动地通过校园招聘会、互联网招聘平台、“校企”合作平台等，结合大数据分析技术，及时向相关政府部门和高校精准传递其对各类人才的需求信息，为高等教育人才培养理念和目标的更新提供具体的市场支持；第三，高校应以“人才培养”为起点和终点，遵循高等教育自身价值理念，综合考量政府要求和社会需求，着重从学校规章制度设计、学科专业设置、课程体系建设、教学内容选择和就业规划指导五个方面来贯彻落实新的人才培养理念和目标。

2. 系统优化高等教育人才培养模式变革的实践资源配置

培养主体、培养内容和培养方式是高等教育人才培养模式变革所依附的重要实践资源，对变革结果具有关键性影响作用。因此，系统推进高等教育教师教学素养、培养内容、培养方式的更新和完善就成了高等教育人才培养模式变革的关键环节，同时也是有效避免高等教育资源低效率利用的最佳选择。高等教育作为社会系统的组成部分，其人才培养模式变革所依附的实践资源配置的优化离不开政府的大力支持和社会企业的积极参与。

3. 有序推进高等教育人才培养评价体系的完善

高等教育人才培养评价体系是高等教育人才培养模式运行效果的“检验器”，也是高等教育人才培养模式有序运转的“驱动器”，对高等教育人才培养模式的更新和完善有直接的反馈、保障作用。就高等教育人才培养评价体系的自身运转来讲，在及时更新的人才培养目标和人才质量观的指引下，科学研判人才培养过程最为关键。所以，随着人工智能时代的到来和深入，在人才培养目标和人才质量观及时更新的前提下，如何实现科学研判人才培养过程是首要之职。毋庸置疑的是，随着人工智能时代的到来，构建动态式的、个体化的人才培养过程评价体系是科学研判人才培养过程的应然选择，而以大数据、云计算等为关键要素的人工智能技术的成熟和普及则为这样的科学研判人才培养过程提供了现实可能。对此，实施高等教育的学校应在努力争取政府专项资金支持和教育部的积极参与下，与人工智能企业或大数据研究机构合作，以大数据和云计算为技术支撑，建立高等教育教学状态数据库（由教育部牵头，定期采集师资队伍、经费投入等基本资源配置的数据信息）、基础条件数据库

（主要采集与学生相关的教学数据信息，如考试成绩、选课情况等）、社交活动数据库（主要采集学生使用学校自媒体，如论坛、微博、公众号等，产生的数据信息）、生活基础数据库（主要采集学生在校期间通过校园卡、校园 Wi－Fi 等产生的数据信息）、毕业生质量数据库（主要采集毕业生去向等数据信息），通过人工和网络相结合的方式持续采集每个学生从入学到毕业就业的数据，利用数据分析技术，构建基于大数据的动态的、个体化的、全覆盖的高等教育人才培养过程评价体系，实现对人才培养过程的科学研判。

参考文献

［1］袁振国，吴忭．人工智能与智能教育丛书 学习分析［M］．北京：教育科学出版社，2022.01.

［2］张松．人工智能时代基础教育师生关系研究［M］．长春：吉林人民出版社，2022.08.

［3］周爱民．人工智能与智能教育丛书 智能搜索与优化［M］．北京：教育科学出版社，2022.05.

［4］王理想．人工智能时代教育新模式研究探析［M］．长春：吉林出版集团股份有限公司，2022.05.

［5］陈凯泉，仲国强．人工智能教育应用的理论与方法［M］．北京：科学出版社，2022.06.

［6］方旭，钱小龙．我国人工智能教育应用发展对策研究［M］．北京：人民出版社，2022.01.

［7］叶波．人工智能 +5G 与教育变革［M］．上海：华东师范大学出版社，2022.09.

［8］刘建波，毕研花，吕虹宇．人工智能背景下青少年教育研究［M］．长春：吉林出版集团股份有限公司，2022.05.

［9］莫宏伟，徐立芳．人工智能伦理导论［M］．西安：西安电子科学技术大学出版社，2022.02.

［10］刘世清．智能教育的风险［M］．北京：教育科学出版社，2022.01.

［11］李楠，秦建军，李宇翔．人工智能通识讲义［M］．北京：机械工业出版社，2022.05.

［12］闫寒冰，单俊豪．教育机器人［M］．北京：教育科学出版社，2022.01.

［13］孙富春，吴飞，李宏亮．人工智能未来趋势、安全、教育与人类关系［M］．北京：科学普及出版社，2021.06.

［14］何泽奇，韩芳，曾辉．人工智能［M］．北京：航空工业出版社，2021.03.

［15］吴皓．走进人工智能［M］．上海：复旦大学出版社，2021.06.

［16］甘胜江，王永涛，邸小莲．人工智能［M］．哈尔滨：哈尔滨工程大学出版社，2021.06.

［17］关景新，姜源．人工智能导论［M］．北京：机械工业出版社，2021.05.

［18］陈亚娟，胡竞，周福亮．人工智能技术与应用［M］．北京：北京理工大学出版社，2021.10.

［19］沈伟．智能时代的教师［M］．北京：教育科学出版社，2021.10.

［20］朱桦．多元智能与生涯教育［M］．北京：中国纺织出版社，2021.06.

［21］郑娅峰．人工智能视域下机器学习在教育研究中的应用［M］．北京：中国经济出版

社，2020.01.
［22］余胜泉．人工智能+教育蓝皮书［M］．北京：北京师范大学出版社，2020.07.
［23］龙云．基于人工智能背景下的教育教学改革［M］．长春：吉林文史出版社，2020.05.
［24］宁小浩．人工智能时代背景下的大学生创新创业教育［M］．北京：九州出版社，2020.
［25］文常保．人工智能概论［M］．西安：西安电子科技大学出版社，2020.06.
［26］李公法．人工智能与计算智能及其应用［M］．武汉：华中科技大学出版社，2020.04.
［27］鲁昕．走近人工智能［M］．北京：商务印书馆，2020.
［28］顾永才，王斌义．人工智能概论［M］．北京：首都经济贸易大学出版社，2020.09.
［29］钟跃崎．人工智能技术原理与应用［M］．上海：东华大学出版社，2020.09.
［30］蔡云鹏，徐辉．机器学习和人工智能技术在机器人领域的应用研究［M］．徐州：中国矿业大学出版社，2020.
［31］王利绒．现代教育技术发展与应用研究［M］．长春：吉林人民出版社，2020.07.
［32］乜勇．实用教育技术［M］．陕西师范大学出版总社有限公司，2020.06.
［33］张坤颖，李晓岩．大数据环境下的人工智能教育应用［M］．北京：学苑出版社，2019.05.
［34］邢西深，金传洋．人工智能时代的基础教育信息化［M］．北京：线装书局，2019.10.
［35］黄涛．人工智能与基础教育大数据应用［M］．武汉：华中师范大学出版社，2019.11.